京杭大运河景观遗产保护研究系列丛书

# 水文学视野下的京杭大运河景观格局考证与研究

杨冬冬 著

**图书在版编目(CIP)数据**

水文学视野下的京杭大运河景观格局考证与研究 / 杨冬冬著. -- 天津 : 天津大学出版社, 2019.11（2025.1 重印）
（京杭大运河景观遗产保护研究系列丛书）
ISBN 978-7-5618-6537-8

Ⅰ. ①水… Ⅱ. ①杨… Ⅲ. ①大运河－景观学－研究 Ⅳ. ①K928.42②P901

中国版本图书馆CIP数据核字(2019)第276837号

SHUIWENXUE SHIYE XIA DE JINGHANG DAYUNHE JINGGUAN GEJU KAOZHENG YU YANJIU

**出版发行** 天津大学出版社
**地　　址** 天津市卫津路92号天津大学内(邮编:300072)
**电　　话** 发行部:022-27403647
**网　　址** www.tjupress.com.cn
**印　　刷** 永清县晔盛亚胶印有限公司
**经　　销** 全国各地新华书店
**开　　本** 185mm×260mm
**印　　张** 7
**字　　数** 253千
**版　　次** 2019年11月第1版
**印　　次** 2025年1月第2次
**定　　价** 68.00元

---

# 前　言

京杭大运河是我国古代一项堪与长城并称的宏伟工程，也是世界上修建最早、里程最长、工程量最大的运河之一。一方面，它历经2 500多年历史，目睹了我国政治、社会的起伏更迭及价值观念的不断转变，具有明显的时间表象；另一方面，它连接了我国南北两地，横跨海河、黄河、淮河、长江、钱塘江五大水系，具有多样、复杂的景观空间形态。作为历史遗存，京杭大运河具有的重要价值已经得到广泛的关注，然而相关研究却忽略了运河景观特点和水文地理条件间的互动关系；对导致运河沿袭演变的内在因素、古代先贤的环境观念未予以揭示；对布局经营、格局规划等景观构成及特点的系统研究尚处于空白状态。基于上述认识，本书以京杭大运河及相关河、湖等水系共同构成的空间形态为研究对象，依托河渠志、史记等文献材料，综合运用景观生态学、水文学、水力学、文化地理学等理论，对不同历史时期京杭大运河的格局规划特点、景观风貌、演变发展内因等方面进行解释学思考，旨在更深入地理解大运河景观的同时，为大运河景观遗产保护提供科学依据。

全书分为两部分。第一部分开展社会时代背景对大运河宏观（整体）空间格局演变的影响介绍。厘清了大运河从封建社会早期战争背景下各区段分散式出现到中期统一环境下的全线贯通及之后大发展期的嬗变过程。在此基础上，进一步探讨了不同历史时期国家政治军事、经济格局下，大运河整体选址、布局特点及沿革历程。

第二部分综合运用水文分析和景观生态学空间形态定量研究方法，对京杭大运河景观风貌、空间格局特点及核心成因分历史阶段、分地理区段进行深入介绍。明晰了京杭大运河与沿线相关河、湖水系间的作用关系，逐渐剥离了不同历史时期大运河各区段的景观空间形态。以此为基础，通过将不同历史时期运河形态化的景观空间格局转化为可度量的网络结构度量指标，着重对运河景观格局特点、决定运河景观兴衰趋势的内在核心因素进行深入探究分析。

本书以运河各区段自然地理环境及变迁分析为依托，对古代先贤在治运过程中坚持的设计原则、采取的各项措施、流露出的环境观进行了梳理分析，从而最终对运河景观风貌特点及其形成演替有了深刻的认识，以此为京杭大运河遗产保护体系的完善、保护项目的具体实施发挥指导作用。

由于作者水平有限，书中错误之处在所难免，敬请读者批评指正。

编者

2019年3月

# 目　录


**第 1 章　绪论** …… 1

1.1　京杭大运河景观格局考证与研究的背景与意义 …… 1

1.2　研究对象和方法 …… 5

1.3　研究结构 …… 6

1.4　创新点 …… 7

**第 2 章　不同时代背景下大运河的嬗递** …… 9

2.1　春秋至南北朝时期战争背景下运河的局部出现 …… 9

2.2　隋朝到宋朝中央集权背景下运河的整体形成 …… 18

2.3　元代至清朝民族统一背景下运河的格局转变 …… 26

**第 3 章　黄河以北华北平原大运河景观格局演变研究** …… 34

3.1　运河开凿前黄河北侧华北平原的河运地理 …… 34

3.2　不同历史时期华北平原上运河的(水系)景观格局 …… 38

3.3　华北平原运河景观空间结构演变的定量分析与研究 …… 43

**第 4 章　王朝时期黄淮平原大运河景观格局的演变研究** …… 50

4.1　黄淮平原的河运地理 …… 50

4.2　人文地理环境巨大变迁下黄淮平原运河景观格局的演变及分析 …… 51

4.3　元明清时期山东运河景观空间格局演变的定量分析与研究 …… 58

**第 5 章　王朝时期大运河淮河以南运段景观格局演变研究** …… 69

5.1　不同历史时期大运河淮江段的景观格局 …… 69

5.2　淮南地区运河景观空间格局演变的定量分析与研究 …… 78

**第 6 章　王朝时期大运河江南运段景观格局演变研究** …… 88

6.1　江南运河的地理背景 …… 88

6.2　江南运河景观格局的发展与演变 …… 90

6.3　江南运河富有特色的驳岸纤道 …… 93

**第 7 章　结语** …… 96

**参考文献** …… 100

# 第 1 章　绪论

## 1.1　京杭大运河景观格局考证与研究的背景与意义

### 1.1.1　研究背景

京杭大运河的申遗工作如火如荼，相关的研究成果如雨后春笋般涌现，为了解大运河历史、变迁发挥了重要作用。但申遗之路还很漫长，保护策略亦有待深入探讨。国际文化遗产保护领域提出的线性文化遗产整体化保护理念，不仅对我国大运河遗产保护研究提出了更高的标准，而且在我国城市化进程迅猛发展、用地紧缺的背景下给大运河保护的具体实施提出了难题。南水北调东线工程借运道输水给运河保护带来的机遇与挑战，更促使大运河保护研究和策略向更具有现实意义和可操作性的方向发展。概而言之，以下三个社会形势对目前的大运河保护研究提出了新要求。

**1. 联合国教科文组织有关线性文化遗产的整体保护理念对京杭大运河遗产保护提出的高标准**

京杭大运河一方面巧借沿途河流湖泊实现了运河水量的供给与调蓄，将钱塘江、长江、淮河、黄河、海河串联起来，另一方面真实地记录了我国自春秋到明清漫长的历史进程和演替，物质和非物质文化的交流互动，成为我国最为典型的将自然资源与文化资源集中整合的大尺度文化遗产之一。2006 年 12 月我国国家文物局便把京杭大运河列入中国世界文化遗产预备名单中。

目前，我国文化遗产保护的主要法规依据是《中华人民共和国文物保护法》，其次还有一些国务院颁布的条例和地方政府制定的地方性法规。在这些法规中，历史文化遗产保护涉及三个层次，分别为历史文化名城、历史文化街区和村镇、文物保护单位。后者针对单体文化遗产，前两者针对历史街区和历史文化名城。这种体系架构实际上尚未涉及区域性的遗产保护[1]。像将京杭大运河、河西走廊等这样长达上千千米，辐射面积数十万平方千米且历史价值十分珍贵的文化遗产作为文物保护单位对待显然是不适宜的，更不可能作为历史文化街区、历史文化名城来对待。由此可见，对于京杭大运河的研究、保护因其地理跨度大、兼具自然和文化双重属性，且尚未确立明晰的遗产保护法规而具有极高的不确定性和可探索性。

线性文化遗产是近年来国际文化遗产保护领域提出的新概念，受到了联合国教科文组织等有关国际组织的重视。该概念是由文化线路衍生并拓展而来的。1998 年，国际古迹遗址理事会（ICOMOS）成立了文化线路科学委员会（CIIC），标志着以“交流和对话”为特征的跨地区或跨国家的文化线路，作为新型遗产理念为国际文化遗产保护界所认同。在此基础上形成的线性文化遗产是指拥有特殊文化资源集合的线形或带状区域内的物质和非物质的文化遗产族群，往往出于人类的特定目的而形成一条重要的纽带，将一些原本不关联的城镇或村庄等串联起来，构成链状的文化

遗存状态。法国的米迪运河、奥地利的塞默林铁路、日本的纪伊山脉胜地和朝圣之路等一些线性文化遗产相继成为世界遗产，体现了世界文化遗产保护领域新的发展趋势，即文化遗产的保护范围不断扩大，由单体文物到历史地段，再至整座城镇，进而不断发展为兼及文化景观（culture landscape）、遗产区域（heritage area），乃至串联几座甚至几十座城市、一个或多个国家文化区域，纵贯或横穿多国的遗产线路。与线性文化遗产的概念及涵盖范围相应，对这类文化遗产的保护与研究需将其作为有机组成的遗产族群进行整体保护[2]。

由此可见，在京杭大运河申报世界文化遗产的背景中，在国际文化遗产保护研究领域新趋势的启示和要求下，以大运河自身及与之运行相关的河湖水系等周围自然环境构成的运河系统整体空间为研究对象，对影响运河运行、沿袭及发展，体现先贤治运思想和内涵的关键规划格局、选址经营特点以及运河兴衰演替内因等方面进行研究成为目前大运河研究亟须解决的重点。

**2. 京杭大运河的历史复杂性与当今经济发展用地紧缺现实间的矛盾**

京杭大运河历史悠久，虽于明清达到繁盛，但修建史可上溯至春秋时期。在此期间，大运河的布局走向、格局规划历经无数变化，牵涉的故道旧渎不计其数。经过漫长的历史变迁，部分渠段或格局已难以恢复。如隋唐宋时期关系国家兴亡的汴渠因受战争破坏及南宋黄河改道侵袭早已彻底掩埋，原部分渠道现已为国道。再如河北境内华北运河的部分渠段因长期缺水而被人为填埋改作他用。由此可见，对于大运河的保护不可能也并不意味着对大运河各个时期全部干支流、湖泊等都予以保护或还原，特别是在当今我国城市化进程迅猛、经济飞速发展、用地紧缺现象严重的大的历史时期中，而是应该立足宏观，对能体现先贤治运思想、在历史中关系运河兴衰、遗产价值最为突出的运河整体景观格局予以还原保护，方能符合大型线性文化遗产保护以整体保护为先，进而以整体带动局部的高效、经济的保护理念和策略。

**3. 南水北调工程给京杭大运河保护和申遗带来的挑战与机遇**

根据南水北调东线工程规划主要利用古代京杭大运河的河道向京津两地输水的实际情况，单霁翔提出："南水北调工程给京杭大运河保护带来挑战的同时，其大规模调水可以激活古代遗产水系的功能，不仅能对断流和生态功能瘫痪区域进行系统的生态修复，而且能对大运河现行文化遗产实施系统保护，在给大运河带来新生机的同时也为整体保护京杭大运河带来了难得的机遇。"[2] 南水北调工程是关乎国家战略和民生的大型工程。在分析和权衡南水北调对运河保护的影响时，必须首先对以运河为主体，以相关河湖水系为支撑的运河体系整体空间具有相当深度的理解，方能合理准确地提出足以应对挑战，并将之转化为机遇的策略方针。

综上所述，无论是京杭大运河申报世界文化遗产还是当今城市化进程迅猛、文化遗产保护与土地开发矛盾日益尖锐以及南水北调东线工程借运输水，都对古老的京杭大运河提出了巨大的挑战。同时也向借鉴大型线性文化遗产整体保护的理论观点，立足于大运河水运系统整体空间格局，着眼于运河整体选址布局、规划格局特点、兴衰演替内因挖掘等相关研究提出了诉求。

### 1.1.2 已有研究成果综述

由于历史时期京杭大运河的畅顺关乎封建王朝的兴衰，而近代又因其在历史、社会等多方面的突出价值，京杭大运河自古便受到相当的重视，相关的著作、研究成果颇多，这些成果为本书研究的开展奠定了坚实的基础。由于篇幅所限，以下仅就与本书撰写关系最密切的著作进行简述。

**1. 历史时期的相关研究**

历史时期相关的研究成果有：明朝万恭编著的《治水筌蹄》[3]，该著作阐述了前人及当朝对黄河、运河河道演变的治理，收集并总结了河道规划、施工及管理等方面的创造和经验，对后世黄河、运河的治理有很大影响，成为 16 世纪 70 年代治黄通运的代表著作之一。明朝张伯行撰写的《居济一得》[4]、潘季驯的《河防一览》[5] 等著作均在继承和发展《治水筌蹄》经验和结论的基础上对黄河、运河诸水利病和治理方策条分缕析，疏证翔实；明朝王琼撰写的《漕河图志》[6] 图文并茂地对运河的脉络原委、历史变迁及修治经费等悉数记载，为后世大运河诸多方面的研究提供了重要的参考依据。

**2. 中华人民共和国成立后的相关研究**

欧阳洪先生 1988 年编著的《京杭运河工程史考》[7]、姚汉源先生 1987 年所著的《中国水利史纲要》[8]、1997 年成文的《京杭运河史》[9] 以及 1990 年其与谭徐明先生合著的《漕河图志》[10] 均对京杭大运河自春秋出现到元代基本形成，后又经明清加工得以逐步完善的全过程进行了详尽的描述，亦对大运河的流线选择、设计思想、经营管理、形制功能、水利设施等方面进行了论述。京杭运河历史悠久、地位重要，历史时期有关其的记载虽典籍繁多，资料丰富，但分布甚为零散。不仅在王朝正史中的《河渠志》中有大量记载，如《史记·河渠志》《宋史·河渠志》《元史·河渠志》《明史·河渠志》等，还在正史中的其他篇章如《地理志》《食货志》等中散布着诸多信息。此外，人物传记中亦有大量记载，如《后汉书》中的《王景传》《卫飒传》，《宋史》中的《乔维岳传》《蒋之奇传》等。细节更丰富的信息还可查阅运河流经地区的方志史料。整理这些典籍中有关大运河的记载不仅工作量繁重，而且还时因不同典籍对同一事件的论述有异，需辨明正误而遇到各种困难。可见，《京杭运河史》《京杭运河工程史考》等著作从上述繁多且杂乱的史料记载中对运河历史发展过程的有序梳理，为有关运河研究的深入和顺利发展搭建了甚为系统全面的历史框架。

1990 年邹宝山、何凡能、何为刚先生编著的《京杭运河治理与开发》[11] 以及 2008 年出版的由陈桥驿先生主编，邹逸麟、王守春、朱士光先生等共同编撰的《中国运河开发史》[12] 在更为详尽地论述了大运河各区段不同历史时期的起源发展过程的同时，还对若干遗留下来的争议问题予以了澄清，更涉及大运河与沿线自然环境间的作用关系，极大地促进了本人对运河运行方式、发展演替内在动力的理解，也成为本书有关沿革过程中运河格局各环节、要素间功能联系和作用机制讨论的思考起点。

此外，清乾隆五十五年前后佚名人士所绘，囊括了从绍兴杭州到北京运河沿线分支流、湖泊池沼、河坝船闸等水利情形的《九省运河泉源水利情形图》[13]、清中期绘制而成纵 78.5 厘米，横 2 032 厘米的《京杭道里图》，不仅用绘画形式表现出运河沿线的山水景观风貌，更因地形、地物对应真实地理方位而兼具地图的性质。由吴作人、陆俨少、李可染等当代著名画家合作的《京杭运河书画集》[14] 也大量记录了运河沿线的风光。这些作品为大运河研究提供了宝贵的图像资料。

### 1.1.3 研究意义

**1. 对京杭大运河的保护开发具有指导和实践意义**

正如国家文物局原局长单霁翔所指出的："对京杭大运河这类大型线性文化遗产的保护应着眼整体，以线状区域的保护为先，进而带动线上各点。这较之分散的点状保护，效果更好，影响更大，

易于摸索普遍规律，形成科学方法，深化保护内涵，有利于国家宏观调控，有利于各种社会资源的集中使用。”[2] 在前人对运河各时期流线、改道、增建、疏浚等史料梳理挖掘的基础上，以大运河及相关河湖水系构成的整体空间形态为研究对象首先可依托不同历史时期社会政治经济格局环境的流转，整体掌握各典型时期大运河的格局特点、历史沿革模式，明晰大运河各区段在各朝代间的因承沿袭关系，对宏观上把握运河保护的规模、范围具有指导意义。其次，结合各地区具体的水文地理环境变迁，深入探究历史过程中运河各区段在应对地区水文环境特点和突变时所采取的治运措施，获得关乎运河兴衰、蕴含先贤治运思想、特点突出的布局经营、规划格局方面的内容，从而明晰运河兴衰演变的核心内因，为区域尺度下各区段的保护提出具有针对性的保护建议。特别是在大运河部分渠段已无法还原的现实背景及城市发展用地紧张的压力下，集中于格局规划特点、运河演变内因的研究不仅可使大运河的保护不再简单地局限于对故道旧渎的还原或模仿，而且依此提出的保护策略更易高效、经济地实现，实践意义突出。再次，对于运河演变内因的探究和掌握，可较准确地分析出运河某些要素，如渠段形式、沿线闸坝设置等与运河原真性、价值性的关联程度，从而为分级保护策略的制定提供参考，具有明确的指导意义。

**2. 对应对南水北调工程的挑战与机遇具有战略意义**

作为区域水系骨架大运河涉及复杂的自然生态系统，不仅其发展依赖于周围河湖水网系统的协调与支持，其自身也发挥着重要的生态功能。以景观生态理论出发，不难发现大运河的生态性具体表现在两个方面：

（1）大运河是与所处区域生态环境有着广泛联系和影响的半自然生态系统；

（2）大运河的正常运行和发展依赖于其沿线丰富河流湖泊等生态系统的存留，这些对于运河及沿线城镇的发展有着重要的影响。

南水北调东线输水工程一方面由于工程建设、安全、功效等方面的需要难免对京杭大运河及相关生态系统造成干扰或进行改建，而另一方面也可能借调水补给的机遇恢复那些与运河运行密切相关但目前已断流或生态功能瘫痪的河流湖泊。挑战与机遇共存。基于对运河与相关自然环境要素构成的水运网络空间的分析，所获得的有关大运河在不同历史时期为应对人文或水文地理环境变迁而逐渐形成的饱含深刻治运思想的景观格局特点以及大运河兴衰演变内因的研究成果，因与南水北调东线工程的总体规划设计具有相当的宏观性，故易于进行比较权衡，可为实施“高价值区溯源大运河历史格局，低价值区遵从南水北调工程需要”的保护战略提供重要参考依据。这不仅有助于在南水北调工程效益不减的前提下，让大运河得到适度保护，而且亦能赋予南水北调工程相当的文化内涵。战略意义明显。

**3. 对类似线性廊道遗产保护具有理论意义**

大运河是我国最为典型的横跨数省、辐射面积甚广的线性文化遗产之一。本书对大运河的研究以运河系统整体空间形态为出发点，探讨关系运河兴衰的格局规划特点，挖掘导致运河演变潜在内因的研究思路，不仅对运河保护自身具有相当的启发价值，而且对日后进行类似线性廊道遗产的研究具有借鉴价值。理论意义显著。

## 1.2 研究对象和方法

### 1.2.1 京杭大运河的定义与研究范围

京杭大运河顾名思义，北起北京，南至杭州，途经河北、天津、山东、江苏、浙江五省市，纵贯海河、黄河、淮河、长江、钱塘江五大水系，全长 1 789 千米。按照地理位置，京杭大运河可划分为 8 段，自北而南分别如下。

(1)通惠河：北京东便门到通州区，长约 20 千米。

(2)北运河：通州区到天津，长约 160 千米。

(3)河北南运河：天津到临青，长约 484 千米。

(4)会通河：临清到黄河北岸，长 120 千米。

(5)山东南运河：黄河南岸到台儿庄，长 295 千米。

(6)中运河：台儿庄到淮阴扬庄，长 191 千米。

(7)里运河：淮阴扬庄到扬州瓜洲，长 175 千米。

(8)江南运河：镇江到杭州，长 334 千米[7]。

其中第(4)(5)(6)部分由元代新开的会通河、济州河与明清的泇河及中河所组成。其余河段基本上是继承隋代的南北大运河。第(1)(2)(3)部分为隋朝疏浚的永济渠，第(7)部分为山阳渎，第(8)部分在隋时亦称为江南运河。而隋朝运河又源于前代。永济渠脱胎于三国时期的白沟—清河—泉州渠运道，山阳渎是在春秋邗沟的基础上拓宽而成的，江南运河亦是沿袭了春秋江南运河故道。综上所述，京杭大运河的前身实际上是春秋战国以来各个历史时期兴修运河的联合体。因此，本书的研究范围不仅仅局限于上述清朝的 8 段运渠，还囊括了它们的前身，即春秋邗沟、江南运河，三国白沟、泉州渠运道。

### 1.2.2 研究时段的选取

京杭大运河俗称大运河，如前所述始凿于春秋，经过历代一千多年的开拓到南北朝时期，虽出于当时各自为政的不同需要而未能形成完整的体系，但南北水运贯通已具雏形。隋王朝统一全国结束了历史上长期分裂的局面，后凭借积蓄的雄厚国力，在前代各区段运渠的基础上加以大规模疏浚、开挖，使大运河全线贯通，构成了一条连接淮河、长江与钱塘江的水运干线，成为隋、唐、宋三代的漕运要道。元代定都北京，鉴于原河道绕道中原航运路线迂曲过远，遂对大运河进行了改造，修山东运河并结束了运河流经河南省的历史，使北京直达杭州长约四千里(2 000 千米)的大运河全线通航，基本奠定了现今京杭大运河的线路。明清之际，对大运河的治理以避黄通运为主要策略，先后对运河进行了局部改线等。至清康熙二十五年(公元 1686 年)，开挖中运河，建成邳州到淮阴的新运道后，实现了尽避黄河之险的目标，终于摆脱了从徐州到淮阴以黄代运的被动局面，至此，京杭运河全线始臻完备。

清咸丰五年(公元 1855 年)，黄河在河南铜瓦厢决口，改道经山东于张秋横穿运河下夺大清河注入渤海。从此大运河中断，南北隔绝，千疮百孔，终告衰落。此后，随着京沪、京杭铁路相继建成和海运事业蓬勃发展，大运河的地位一蹶不振。时至民国时期，运河不但得不到治理，反而遭到人

为破坏。民国二十七年（公元 1938 年），国民党军事集团为阻止日本侵略者西犯，扒开花园口大堤，使黄河干流直驱东南入淮，在豫东、皖北、苏北泛滥达 9 年。加之战乱的侵袭，大运河更加残破，连局部通航也陷入瘫痪状态。

综上所述，大运河自春秋初见端倪，到隋唐宋全线贯通至清康乾盛世景观格局日臻完备，漕运水平达到了顶峰，而此后便伴随我国封建王朝的日渐衰败、铁路运输和海上运输地位的提升而一蹶不振。本书着眼于对历史沿革过程中大运河在选址经营、格局规划、治运思想等方面特点和价值的挖掘，因此选取自春秋始建直至清乾隆末年，即大运河的发展上升期为研究时段。

### 1.2.3 研究方法

本书中所涉及的研究主要采用以下方法。

（1）采用文献、历史地图、手绘运河图、风景画，多层次比对与印证的历史考证方法。

（2）在景观格局研究方面，采用首先根据文字描述和历史地图复原不同历史时期大运河的空间格局，再利用景观生态学中河流廊道空间结构特征度量分析指标，对大运河景观格局特点及其演替进行定量化分析和描述的研究方法[15]。依据各运段因所处水文环境背景的不同而在空间形态方面所呈现出的明显差异，在定量化描述、分析运河景观格局时所选取的表征指标亦有所差异。对依托所在区域河网水系构建运河系统的华北运河、山东运河、江南运河均选用景观连通度指标予以表征；而对淮南运河在隋朝网络化格局形成之前，因其以运道串联湖泊模式保证运河运行，尚不具备网络化特征，故选用湖泊斑块间最长与最短渠段的长度比作为运河及相关湖泊构成的空间格局的表征指标，从而对不同历史时期大运河景观格局的特点、格局演变的内因进行提炼分析。

（3）研究中根据大运河受人文地理环境影响和水文地理环境影响程度的不同采用分阶段研究方法。其中，黄淮运河和淮南运河因地处南北连接的中部地带，历史发展演替复杂，故均先后分为人文影响占主导和水文影响占主导两个阶段，而华北运河和江南运河因持续受水文环境影响则不再进一步划分。

## 1.3 研究结构

京杭大运河历史悠久、牵涉地域甚广，鉴于其复杂性，至今对其的保护研究仍有诸多问题有待深入了解和解决。特别是在目前联合国教科文组织等对大尺度线性文化遗产整体保护理念日益重视以及南水北调工程借运输水对运河提出挑战和机遇的情形下，采用何种研究方法、如何提高保护策略的战略高度和宏观调控能力，使之更具针对性、可实践性，成为迫切需要解决的问题。

本书以不用历史时期大运河自身及与其运行相关河湖水系构成的运河系统整体空间格局为研究对象，对国家宏观政治经济格局影响下运河整体格局的沿革、运河格局规划的特点、布局与经营的方式以及运河兴衰演替的内因等方面进行较为系统的介绍，主要包括以下几个方面。

（1）阐述目前大运河保护研究面临的困难、挑战和机遇，分析在此形势下大运河研究方法、思路和成果的新要求。本书以大运河及其沿线相关河湖水系构成的运河系统整体空间形态为研究对象，对不同历史时期关乎运河兴衰的空间格局演变展开研究，这对于目前运河保护具有重要意义。

（2）以我国封建社会从战争到统一再到发展的时间轴为研究主线，分别论述了战争时期战略格局对于运河在中国某些地区出现及其布局的决定性作用；统一时期中央集权治国思想下全国政治经济格局对于大运河全线形成及格局演变的主导作用；封建社会的大繁荣期新政治经济格局对于治运思想的发展和运河整体格局日臻完善的影响。这不仅从整体上呈现了人文地理背景与大运河格局间的密切关系，而且对运河在宏观上保护规模和范围的确定起到了指导作用。

（3）通过对历史时期华北地区水文地理环境的认识和挖掘，对黄河、太行山水系、燕山水系与华北运河的出现演替发展间的内在关系展开了专题研究。首先，揭示了华北运河水网系统构建对运河开凿前自然水系所呈现的"众流归一"空间关系的借鉴与因承。其次，厘清了华北运河不同历史时期的景观格局。通过景观连通度指标明确了唐朝于华北运河东侧修建的诸条减水河对于华北运河景观格局的完善、特色景观风貌的呈现所起的至关重要的作用。

（4）首先从全国政治经济格局的变迁入手对黄淮运河水运系统的空间格局进行分析，论述了宏观上黄淮运河由东西格局到南北格局的转变，以及区域尺度上三个典型时期的格局特点。其次鉴于目前黄淮运河仅元明清时期的河网系统得以大部分保留的现实情况，对这三朝期间黄淮运河景观格局逐渐完善的过程予以论述，并最终通过景观连通度指标明确了明清时期黄淮运河"泉、河、湖紧密相连"的景观格局优势和特征。

（5）以南宋黄河夺淮入海为转折点，探究了（黄河）淮（淮河）运（运河）湖（洪泽湖）连成一局后历史上第一个洪泽湖水库的修建与淮南运河河网化格局形成间的重要关联，及洪泽湖对运河乃至整个淮南地区水文循环系统突出的调控作用，从而揭示出淮南运河自春秋初创时"渠道串联湖泊"单向景观格局至明清"漕湖通引，交渠绮错"网络化景观格局演变的深层原因。

（6）从对太湖流域上游水源充足，下游下泄顺畅的格局特点着手分析，论述了江南运河自修建之初便已具备的"以运河为经，以众川为纬"的景观格局，揭示出江南运河通航条件良好并保持至今的根本原因所在。

京杭大运河保护研究中存在的诸多方面的不足，以及亟待深入挖掘和梳理的问题，前文已展述。然而，京杭大运河保护研究难以深入的关键问题，是大运河并非以其渠道单体孤立存在，而是与沿线相关河湖水系等周围自然环境构成一个协同合作的整体后方能发挥航运、生态调节等多种功能。但目前对该水运系统整体格局及运行方式的研究存在明显的盲区。对不同历史时期以运河及相关支流为廊道，以湖泊湿地为斑块，以广大农田为基质的空间格局的深入解读是理解和掌握大运河兴衰演变内因进而提出合理的保护策略的前提。因此，借助河流廊道空间特征指标厘清不同历史时期大运河空间格局典型特征、沿革过程及内因是本书的主旨。

## 1.4　创新点

本书相关课题的研究主要有以下创新点。

（1）研究视角有所创新。本书对于京杭大运河景观遗产的保护研究没有停留在对各种景观表象的文字描述上，而是致力于对历史时期京杭大运河的历史沿革、兴衰发展进行解释学思考。本书首先通过对我国封建社会战争时期战略格局、统一时期政治经济格局以及繁荣发展时期治国思想进行分析和探讨，从而对宏观尺度下运河格局规划的流转变迁与国家人文地理环境间的关系进行了解读。进而较为清晰地呈现了在不同历史背景下大运河修建的时代语境、大运河的兴衰之势以及整体布局特点。

（2）研究方法有所创新。注重多学科交叉的研究方法，综合运用景观生态学、水文学和历史学，尝试借由运河与运河沿线相关河湖水系构建的水运系统中的空间格局来研究运河景观。从而将景观生态学中河流空间结构特征理论引入大运河遗产保护研究中，打破了目前运河遗产保护研究以定性分析为主要手段的局面。书中通过建立表征运河系统整体空间格局的指标体系，不仅更为科学地掌握了运河各区段兴衰演替的趋势、不同历史时期运河景观格局的类型特点，更有助于理解运河景观格局中各环节、要素间的功能联系和作用机制，以便于对导致和影响运河景观风貌演变的内在原因进行分析和解读，极大地有助于大运河遗产分级保护规划策略的完善。

（3）研究对象有所创新。相关研究选取运河本身与沿线相关河湖水系等自然环境要素构成的整体空间格局为研究对象。一方面，运河的空间格局作为运河景观遗产的物质化载体，对于其形成发展演变过程的研究，有助于对运河形态表征背后人文、水文地理条件间作用机制的掌握和理解，以此获得诸如运河景观风貌如何形成、运河景观系统如何运行等问题的答案。另一方面，运河的空间格局作为其未来发展的物质基础，对它的分析是全面深入理解南水北调东线工程与运河保护间利弊关系的重要基础，对于运河未来的保护与发展意义重大。

# 第 2 章　不同时代背景下大运河的嬗递

中国大运河的历史源远流长，自从春秋时期吴王夫差筑邗城，开邗沟，通江淮拉开了中国大运河史的序幕，之后的几千年中各个朝代都不同程度地对运河进行扩建、修缮、维护。前贤关于大运河的论著颇丰，但多单一地从大运河自身着手，考证运河修建年代、确定路线，阐述运河工程发展过程，而立足宏观，探索不同历史阶段运河地域分布与中国社会背景间关系的研究却极为匮乏。为此，本章选取春秋至鸦片战争前的历史时期，即公元前 770 年至 1840 年作为研究区间，以分析不同历史时期突出的社会时代背景为基础，诠释大运河嬗递的原因及规律。

## 2.1　春秋至南北朝时期战争背景下运河的局部出现

大运河始建于春秋中后期，经过后世历代的拓展修缮，至南北朝时期已初具规模。这为隋朝在短短六年时间内实现大运河南北贯通打下了坚实的基础。由此可见，大运河毕其功于隋，扬其名于元明，与前朝历代的开拓密不可分。如宋苏轼《书传》中云：“自淮、泗入河，必道于汴，世谓炀帝始通汴入泗……又足以见秦、汉、魏、晋皆有此水道，非炀帝创开也。”程大昌《禹贡山川地理图》下也说道：“隋汴受河在板城渚口，而板渚之在水经，古来自有分水故道，亦非炀帝之所创为也。”

春秋战国开凿的邗沟、江南运河及汉、魏的鸿沟、白沟是大运河形成的基础。对运河早期形成阶段情况的了解分析，不仅有助于厘清运河发展的前因后果、来龙去脉，而且对于系统探讨运河发展变迁的内在因素，明晰其兴衰演变的全过程作用明显。

### 2.1.1　春秋时期五霸战争与吴越运河

**1. 春秋时期“礼坏乐崩”背景下的诸侯战争**

春秋是我国历史上一段大变革的岁月，充斥着战乱与纷争。在其 300 余年的历史中，王室衰微、五霸迭兴、夷夏融合、大夫专权等社会政治格局此消彼长，纷至沓来 [16]。

春秋前期铁制农具、牛耕技术初露端倪，生产与耕作水平均取得突出发展，从而促使小规模农业生产重新组合出现，为此古老的井田制度受到巨大的冲击。在这种情况下，春秋诸侯国采取了不同的经济措施以应对生产力的变革，如齐国实施“相地衰征”政策；晋国采取“作爰田”的方法以改变以往的土地定期分配制度；鲁国则推行“初税亩”政策，即按照占有私有土地的多少征收赋税 [1]。这些经济改革措施使得齐国甲兵大足、晋国储备充盈。经济改革使权力和财富开始在诸侯及卿大夫之间重新分配，周王室日渐衰微，等级身份与实际拥有的财富、权力发生分离，于是“季氏富于周公”“陪臣执国命”“晋侯召王，且使王狩”等现象相继出现。可见，伴随阶级关系的微妙变化，旧有的礼制不断受到冲击，整个社会处于分化和重新组合的动荡之中，因而不少思想家把这个时期称作“礼坏乐崩”的时代。

传统的礼乐文化是为了维护宗法等级差别，并在这种差别中保证等级与权力及财富的基本一

致。前朝西周便是以血缘亲族关系为基础，借由“礼乐”这一整套政治制度理论和社会生活规范标准成功维持了社会的安定和繁荣。但是，自东周春秋以来，经过两百多年的发展分化，宗族姻戚间日渐疏远，经济利益关系逐渐占据较重要地位。加之，此时周王室日渐衰落，对整个社会规范调控能力降低，已基本丧失了“共主”的实际地位和能力，使得本来已经分化崩溃的宗族社会失去了将各诸侯凝聚团结在一起的向心力，最终导致诸侯之间、公室氏室彼此间的矛盾冲突接连不断，且愈演愈烈，并由攻伐臣服演变为屠杀戳掠[17]。即由“礼乐征伐自天子出”转变为“自诸侯出”，再变而为在某些诸侯国（如晋、鲁等）中的“自大夫出”“陪臣执国命”[16]。司马迁《史记·周本纪》中所述“周室衰微、诸侯强并弱，齐、楚、秦、晋始大，政由方伯”成为春秋时期社会政治生活的主流。

在这个社会转型时期，旧有的社会制度、阶级结构、政治格局逐渐崩溃，而新的社会制度尚未建立，动态性和过渡性成为这个时代的突出特点。这不仅以诸侯国间的相互兼并，连绵不断的战争为表象，同时也促使了当时社会思潮的蓬勃繁荣。军事思想作为整个思想文化形态的重要组成部分，在春秋时期诸侯争霸的大背景下迅速发展并走向成熟。《左传》《国语》等历史典籍中出现了大量有关战争观念、治军原则、作战思想的记载，对军事问题予以高度重视。孙子、伍子胥、范蠡作为春秋时期军事理论家的杰出代表，以丰富的军事实践为基础撰写兵学理论，促进春秋时期军事思想的繁荣和成熟，而且对中国古代军事文化的发展和完善产生了极其深远的影响。

概括而言，春秋时期军事思想的成熟化具体表现在以下几个方面[1]。

1）战争观念的理性化

这集中表现为民众对战争在整个社会生活中重要性的充分肯定，清晰认识到战争是国家政治生活的重要行为活动之一。孙子对此的阐述尤为深刻和精辟：“兵者，国之大事，死生之地，存亡之道，不可不察也。”（《孙子兵法·始计》）

2）治军理论的丰富化

春秋时期治军理论的丰富化显著表现为在继承“礼”的部分内涵的同时尝试在治军上引入“法”的原则和具体规范。如《左传》在治军问题上主张德、刑并重，“礼”作为道德手段，法则作为强制手段。

3）战略、作战指导思想的全局化、系统化

战略、作战指导思想是军事思想中的主体构成部分，是决定军事思想基本面貌和价值所在的根本因素。它表现为将战争同地域格局、社会政治、经济状况诸因素加以全面联系，综合权衡后而制定的环环相扣、步步为营的系统化作战方法。春秋时期，各诸侯国在应对从“群龙无首”到“齐晋、荆楚联盟对峙”发展为“晋齐、秦楚联盟共存”至“吴越争霸问鼎中原”这一系列战略格局的变化中所采取的诸多作战指导方针，如“齐国攻卫时的审时度势，正确把握有利战机”“吴国联合蔡侯攻楚时的知己知彼，正确选择攻击方向”“秦国巧借地理优势，近交远攻”“晋文公伐楚时的假借他意，重挫楚国势力”等，充分体现了这个时期的作战指导思想已具备了立足全局，顺应历史发展潮流的特点。吴王夫差在战胜楚、越后修建沟通江淮的邗沟以及吴王阖闾伐楚前修建江南运河，正是在战略全局化观念形成后，依据当时的战略格局而采取的针对性极强的举措，以为后续战争做铺垫。

**2. 春秋时期列国的争霸方略与吴越运河的布局选择**

诸侯争霸是春秋时期国家社会政治生活的主旋律。此时，农业、商业发展都是以满足国家战争需求为第一要务，以粮食、铁制兵器等军事物资生产为主。国家建设也同样强调战争目的。为了应

对战争，各诸侯国对都城的守御能力十分重视，纷纷“筑城以卫君，造廓以守民”。在城的构筑上，“城（墙）厚以高，壕池深以广”[18]，使敌人不易越过和攀登。城墙上设置坐侯楼、木楼、立楼、磨撕、俾倪、栊枞、雉堞、答、橹、亭、房、厕等，以便指挥、防守、隐蔽和瞭望[19]。城门是城池的入口，也是防守上最薄弱的环节。为了保护城门，免受火攻的威胁，“备城门为悬门沉机”[18]。运河亦是在这一背景下始现，且其布局选择与春秋时期的战略格局有着密切的联系。

春秋时期的战略格局以其间发生的三次重大战役为转折点，经历了群龙无首、齐晋先后称霸、晋齐联盟对抗秦楚联盟等几个阶段。

第一阶段：群龙无首。春秋初期，公元前 720 年，郑国郑庄公公然挑战王权，继“周郑交质”后又派军队割取温之麦、成周之禾，周天子与郑国国君间“势均体敌，尊卑之分荡然矣”[20]，并最终导致公元前 707 年繻葛之战的爆发。此次战役打响了春秋时期诸侯争霸的第一枪。但由于此时活跃在中原一带的诸侯国中，宋、卫、陈、鲁等国与郑国实力不相上下，郑国并不具备压倒别国的绝对优势[21]，因此这个阶段的郑、宋、鲁、卫、陈等国间彼此抗衡不下，处于混战态势，基本没有形成较为稳定、同仇敌忾的军事政治同盟，主要表现为群龙无首。这个阶段的战争从地理格局上看以邻国间局部战争为主，规模和影响范围非常有限，对于交通往来的需求较低。正当郑庄公与中原诸国汲汲于争霸的同时，齐、楚、秦、晋四国日益崛起，各诸侯国势均力敌、交相攻伐的混乱局面势必被打破。

第二阶段：齐晋先后称霸。相比于郑庄公“挑战王权”的争霸策略，国力日渐强大的齐国国君齐桓公则采取了与郑庄公相反的做法，高扬“尊王攘夷”，宣扬“蛮夷服膺、荆舒是惩”，借此名义在各中原诸侯国中树立威信，称霸中原[21]。齐桓公死后，晋文公重耳于公元前 632 年发起了我国军事史上著名的城濮之战，将楚国势力镇压到江汉流域，而获得了各诸侯国认可的盟主地位，形成晋国独霸中原的局面。由此可见，春秋的第二阶段不论是前期齐国的一枝独秀，还是后来晋国的独步天下，虽均结束了此前群龙无首的混战局面，但单边发展态势突显，交通往来需求较低。而在此期间，前期“天子之地一圻，列国一同”[22] 的传统规制被彻底打破，晋、楚、齐、秦四国此时已发展成为超级大国，新战略格局出现的时机和条件已见成熟。

第三阶段：晋齐联盟对抗秦楚联盟。这个阶段是春秋时期诸侯争霸最为激烈的时期，战争规模不断扩大，战争策略层出不穷。一南一北两大稳定军事政治同盟的形成使第三阶段历时最长，从殽之战到柏举之战持续了一百多年。

由于晋国扼住了桃林之塞，阻断了秦国东进中原的争霸之路，秦穆公为了争夺霸权，改变单边格局，背叛了一直是“戮力同心，申之以盟誓，重之以婚姻”的晋国，发动了秦晋间的殽之战，但以严重失利结束。面对战后衰败的国力，为了摆脱灭国之威胁，秦通过放归楚俘斗克（公子仪）与楚国求成。秦楚联盟确立后不久，晋齐联盟形成。这标志着秦楚与晋齐两大联盟对峙格局的出现，成为春秋战争第三阶段的主线。

尤其值得注意的是，此时在秦楚联盟与晋齐联盟对立的主格局外，随着战争规模的扩大，出现了晋吴联合抗楚、楚越联合制吴的次格局。自殽之战后，晋在对抗秦楚联盟的斗争中，不堪忍受“楚攻其南，秦扰其西”的窘迫局面，于是派申公巫臣“通吴于晋，以两之一卒适吴，舍偏两之一焉，与其射御，教吴乘车，教之战陈，教之叛楚。……吴始伐楚，伐巢、伐徐。……蛮夷属于楚者，吴尽取之”。为此，楚国采用以其人之道还治其人之身的对策，于公元前 537 年联合越以困吴。自此，吴越两国作为新兴力量相互颉颃秦楚、晋齐两大联盟，异军突起加入整个战略格局中[21]。

战略格局决定地域表象。秦楚与晋齐两大联盟确立后，形成了三个主要地理区。

（1）位于两大集团所夹之地的中原地带。中原地带由郑、宋、鲁、卫、陈、蔡等中等诸侯国和一些小诸侯国组成。这些邦国起源较早，已具有一定的文化积淀，人众邦富。如果周围强国能够征服或控制它们，将其纳入自己的势力范围，不仅能够掠夺丰厚的财物、扩充军事力量，而且因中原素有天下之“中”的意义，占据于此能够显著提升自己的政治地位，成为真正号令天下的霸主。因此，这里是战事的主发区，战争频繁且激烈。

（2）由秦、楚、晋、齐四大强国构成的弧形区域，因势均力敌而呈现相对稳定的胶着状态。

（3）外围地带，即由吴、越组成的次战场[23]。由此可见，与中原地带主战场的便捷连通对于这一阶段战争的成败以及其在各诸侯国中的地位具有关键性的影响。如秦国因为其通往中原的必经之路桃林之塞被阻断，在春秋 200 年中仅能通过与楚国维持稳定的邻里关系保全其强国地位，丧失了称霸中原的可能。与之相似的还有齐国，虽然侵占了鲁、卫一些城邑，但是始终被封闭于两国境外，不能任意将兵力投入中原的核心区域，未能荣登诸侯盟主的宝座。相反，楚国在图谋北进之前，便攻占了申、吕等国所在的南阳盆地，确保了北进争霸道路的畅通。自南阳盆地穿过伏牛、桐柏山脉可达华北平原南端，过叶、许，即兵临郑国，饮马黄河；东越陈、宋、曹地可达泰山以南的鲁国；北上辕，还能直抵洛阳以窥周室；或西出武关，穿越商洛山地而进入关中平原。晋国也同样通过武力征服温、原、阳樊诸邑的反抗，掌握了这条出入中原的通道后便建立起自己的统治[23]。

在这种背景下，对于起初作为颉颃晋齐、秦楚外缘力量的吴、越两国，如何建立从边缘地带快捷通达中原以参加战争的途径成为制约其在当时战争格局中能否占据一席之地，甚至异军突起的关键要素。因当时吴国所辖区域为淮河至钱塘江的长江下游地区，进兵中原不仅必须北渡淮水，而且作战距离较远，远程战争对军需物资的供给提出了很高要求。不同于我国北方的平原地貌，地处东南沿海一带的吴越地区溪港纵横，河湖密布，修建沟通中原地区与吴国政治中心的运河是保证军队及军需物资迅速运往前线的最佳选择，亦成为吴国虽地处战争的边缘地带而能够大规模参与战争，并占据一席之地的必要条件。由此可见在春秋后期，邗沟与江南运河的开凿应战争的需求呼之欲出，其直指中原腹地的布局，是当时战争格局下的必然选择。

邗沟由吴王夫差于公元前 486 年开凿。据《水经注·淮水》记载：“中渎水（即为邗沟）自广陵北出武广湖东、陆阳湖西，二湖东西相直五里，水出其间，下注樊梁湖，旧道东北出，至博芝、射阳二湖，西北出夹邪，乃至山阳（今淮安）矣。”江南运河亦由夫差主持修建。据《雍正江南通志》载：“运河在府南，自望亭入无锡县界，流经郡治西北，抵奔牛镇，达于孟河，行百七十余里，吴王夫差所凿。”

邗沟和江南运河贯通后，吴军由江通淮，由淮入泗，经荷、济便可达于黄河中下游中原一带的战争核心区域。在多次胜战后，其军事实力日渐增强，不再安于充当晋齐的盟友，转而举兵北上伐晋齐，并于济水岸边的黄池（今河南封丘县南）获胜，真正确立了自己的霸主地位，从而将春秋时期的战略格局带入吴越争霸问鼎中原的第四阶段。

### 2.1.2 战国时期七雄战争与沟通黄淮的鸿沟

#### 1. 战国时期“商战”手段的运用以及商业城市的争夺

春秋战争发展至战国，兵争战伐越演越烈，社会愈来愈陷于动荡纷乱中。战争的扩大，不仅表现在争战次数的增多（据陈登原《中国文化史》引陈汉章所著《上古史》中对春秋和战国两个时期战

争数量的统计，在春秋 242 年中，共发生大小战役 213 次；战国 248 年中，共发生大小战役 222 次）、战役历时的延长、死伤人数的增加，更突出表现在战争方式的变化多样上。

相比于春秋，战国时期战争中的思想观念、作战规模已完全不同。前者，各诸侯国的一切活动还限制在旧有的分封格局中，旧有宗法制中的血缘姻族对战争冲突尚起到一定的限制作用，战争并不以单一获利为目的[17][24]。如《公羊传·宣公十二年》言楚庄王入郑，“亲自手旌，左右撝军，退舍七里，将军子重谏曰：南郢之与郑，相去数千里，诸大夫死者数人，厮役扈养死者数百人。今君胜郑而不有，无乃失民臣之力乎？庄王曰：古者杅不穿，皮不蠹，则不出于四方，是以君子笃于礼而薄于利，要其人而不要其土……”齐国面对日益加剧的民族危机率军打击山戎，解救燕国，将地处敌人侵袭前沿的刑、卫迁到安全地带[17]。这些都充分说明春秋时期诸侯国间的兵战多通过讨伐树立威信，胁迫或诱使他国臣服，以此确立自身在政治军事同盟中的霸主地位为最终目标。换言之，各诸侯更关心的是如何通过战争来争取霸主地位，在一定意义上说，当时的领土兼并不过是一种附带行为，而不是最高目的[17][25]。而战国的情况则发生了深刻的变化，周王“天下共主”的地位不仅在事实上，就连名义上也已丧失殆尽。摆脱了臣子地位的各诸侯国开始享有独立的国家主权，并真正具有国家性质和形式，对领土的占有观念逐渐强大，相互兵战发展为以攻城略地为单一目的的战争。战国之用兵如《墨子·非攻下》曰：“入其国家边境，芟刈其禾稼，斩其树木，堕其城郭，以湮其沟池。攘杀其牲牷，燔溃其祖庙，劲杀其万民，覆其老弱，迁其重器，卒进而柱乎斗。”另外，经过春秋连年战争，各小诸侯国早已被兼并，战国七雄之间的国土彼此接壤，再无众多中小国家充当缓冲对象形成缓冲带[24]，彼此“相敌为意”，武力完成统一成为最高目标。

战国时期，规模空前的兵战对于各诸侯国军事物资和兵力的供给与支持提出了很高的要求。为此，各诸侯国纷纷提出商业强国战略以满足战事的需求，从而极大地促进了战国时期商业的繁荣，使社会分工不断扩大，农业和手工业飞速发展，商业市场明显壮大，工商城市迅速兴起，封建主义生产关系初步确立。

以齐国为例，战国期间齐国制定了诸多发展商业的政策，以实现富国强兵战略。首先是充分利用本国资源发展商业。齐国靠海有山，盐和铁矿资源特别丰富，为了充分发挥资源优势，采纳“请君伐菹薪，使国人煮水为盐，征而积之”之策。即允许平民采伐枯柴，煮海水为盐，所产的盐由官府以征税或收购的方式存储起来，经由国家统一销售。加强对外贸易是齐国富国强兵战略的又一明智之举。在满足国内市场的同时积极加强与周边国家的贸易往来，采取“使关市讥而不征，以为诸侯利”（《国语·齐语》）鼓励他国商人将齐国的鱼盐产业及其他手工制品运销别国[26]。这些政策的实施使得齐国的商税收入不断攀升。伴随经济实力的日渐增强，齐国有更多资金投入军事，建造城防、制造兵车，支持数额庞大的常备军，进而在各国中占有重要位置。与此同时，秦国、魏国、韩国等也都不同程度地采取了以商业为中兴之道，带动军事发展的战略。到了战国中叶已有一大批商业城市出现：如“燕之涿、蓟，赵之邯郸，魏之温、轵，韩之荥阳，齐之临淄，楚之宛丘，郑之阳翟，三川之二周，富冠海内，皆为天下之名都”[27]。除此之外，先后做过各国国都的安邑、大梁、洛阳、寿春、濮阳、咸阳、吴、雍、郑等城市也都成为当时著名的工商城市。《史记·苏秦列传》记载，临淄市区之中，“车毂击，人肩摩，连衽成帷，举袂成幕，挥汗成雨”。桓潭《新论》中则述楚国的郢都，也是“车挂毂，民摩肩，市路相交，号为朝衣鲜而暮衣弊”。

商业城市丰富活跃的商业活动，丰厚的商业利润吸引众多文人富贾前往并最终发展为全国各

地货物交流的聚散中心。在此过程中，逐渐成熟的商业城市不仅对其国家政治策略的影响重大，而且其自身的战略地位也发生着显著改变，并最终成为各国蓄意兼并掠夺的目标。战国时期各大国对定陶的争夺便是最典型的例证。定陶是宋国的都城，是南北水运交通的枢纽和商货聚散的中心[26]。

范蠡游遍三江五湖，认为定陶是经商致富的理想地点，便定居于此，“乃治产积居，与时逐……。十九年之中三致千金”[28]，其成功自然与他自身善于经营密不可分，但是定陶所具备的客观条件也奠定了范蠡致富的物质基础。公元前 286 年，齐国借由与宋国接壤的地理优势，首先攻占了定陶。而齐国的独占引起了其他国家，特别是秦国的不满。于是秦国联合韩魏远攻齐国，齐国大败，秦国夺取了定陶。公元前 254 年，魏安王联合楚国打败秦国，攻取定陶，并将其划入自己的版图。齐、秦、魏对定陶的争夺说明在战国商业飞跃发展之后，争夺手工业、商业城市成为这一时期新的战略目标[26]。

**2. 战国时期七雄的地域格局与中原鸿沟的布局选择**

抢夺商业城市是战国战争区别于春秋战争的主要特点之一。春秋的战争多源于政治事件，政治意义较大，而经济色彩很弱，但战国时期为了争夺一个重要商业城市而反复发动大规模战争的事例则屡见不鲜，不得不说战国时期商业城市的分布格局已经影响到了统治者的国家战略决策[26]。

在列国间经济交往与政治形势的影响与压力下，面对商业城市规模扩大和经济能力发展对于国家军事地位的重要意义，一些诸侯国决定携军队将国都从原先易守难攻，但交通和经济不便于发展的地方迁于商业城市[26]。政权建立初始，出于防范敌国、巩固政权考虑的都城选址标准已不能适应政治经济实力提升后的国家发展要求，迁都于交通便利、商业繁荣的商业城市成为历史发展的必然。一方面，迁都于商业城市可使该城市的政治性得到显著提升，军事防御能力和战斗水平随之增强，有效防范他国觊觎。另一方面，商业城市的人口资源、物质财富可以给予军队可靠的后备支持，便于国家支配管理。

纵观战国历史，七雄中的四国均先后向商业城市迁都。韩国于公元前 403 年韩景侯建都阳翟（今河南禹县），到公元前 375 年韩哀侯灭郑，则迁都于郑故都新郑。赵国于公元前 403 年赵烈侯建都于晋阳（今山西太原东南），到公元前 386 年迁都于邯郸。魏国于公元前 403 年魏文侯建都安邑（今山西夏县西北），到公元前 361 年魏惠王迁都大梁（今河南开封）。出于经济因素迁都最突出的莫不过秦国。秦在春秋时建都于雍（今凤翔东南）；战国前期献公时迁至栎邑，栎邑“北戎翟，东通三晋，亦多大贾”，是个交通便利、商业发达的地方；至孝公时再次迁都咸阳，咸阳位于渭水与泾水交汇处，与东方六国的交通比栎邑更方便，手工业和商业非常繁荣，城里有集中进行商品贸易的市。“市张列肆，交易频繁”，是秦国商业和手工业首屈一指的地方[26]。

秦、韩、赵、魏均将都城迁址于靠近中原地区的商业城市，这正是战国时期商业需要往来发展，而战争以商业城市为目标的社会氛围的地域表象。从整体上看，七雄构成的地域格局由战国初期的分置格局向内聚格局转变，表达出各国对于彼此间关联性的重视与需求。

魏国北与赵、齐接壤，东与宋国毗邻，西则连接秦、韩，位居七国之中。又尤以魏国所辖之大梁（今开封）为天下之中。在各国间寻求地域联系的人文背景下以及客观存在的优越自然条件（魏国所在的黄淮平原具有沟通黄河和东南水系的优越自然水文条件）的支持下，以大梁为中心，魏国修建了连接黄淮水系，通达各商业城市或都城的鸿沟。据《水经注·渠水注》引《竹书纪年》载，鸿沟分

两期建成，先于公元前 361 年“入河水于甫田，又为大沟而引甫水者也”，即从荥泽引黄河水至中牟县西的古太湖圃田，再经圃田泽开大沟东至大梁。荥泽、圃田泽即为自然水柜，调节水量。“水盛则北注，渠溢则南播。”公元 340 年，则“为大沟于北郛，以行圃田之水”，即由大梁城续开大沟，引圃田水东行，然后折而向南，至今沈丘交颍水至寿春（今寿县）西入淮。

战国鸿沟不仅沟通了黄淮两大水系，而且还将济、濮、睢、涉、颍、汝、泗、丹诸水串联起来，在黄淮间形成了以鸿沟为主干的水运系统。自魏国，循鸿沟至淮水接吴邗沟可达长江至苏州；连济水自东北出可途经宋国定陶，续行至齐国临淄；沿鸿沟北上过黄河东行可达赵国邯郸，西行则至秦国咸阳，南下可达于楚国寿春。鸿沟连接自然水系所形成的水运交通系统与此时战国七雄的地域格局相辅相成。即地域格局决定了鸿沟的出现和布局，而鸿沟则强化了地域格局的内聚性并促进这一格局进一步发展，为秦国的大一统奠定了基础。

### 2.1.3　三国时期曹袁战争与河北运河

**1. 三国时期曹袁关系的转变**

自东汉末年的战争起，曹操从无立足之地到雄踞北方六州，其与袁绍间的利益关系贯彻始终。曹袁关系从方睦如一家到兵戈相见的转变标志着曹操的军事斗争谋略由以安定兖州为首要军事目标向攻伐袁绍争夺北方发展。

公元 190 年 4 月董卓兵退长安，讨伐董卓的十八路盟军解散。曹操拒绝董卓的羁縻，自此不再为汉家天下奔走，开始自我创业，“变易姓名，间行东归”。他选择不回家乡沛国的谯县，而是径直投奔兖州的陈留。三国时期，大姓豪族常凭借在家乡的声望和号召力召集武装力量，以此为基础开创自己的战场。而曹操不回沛国，去陈留的反常做法恰恰显示了他“且规大河以南，以待其变”的政治野心和军事谋略[29]。公元 191 年，曹操在陈留剿灭东郡黑山军，取得了首个重要军事胜利。其重要性在于该战役的胜利使曹操得到袁绍的支持，成为兖州刺史[30]。

陈留所在的兖州是一个在军事上具有重要地位的大州。“昔高祖（刘邦）保关中，光武（刘秀）据河内，皆深根固本以制天下，进足以胜敌，退足以坚守，故虽有困败而终济大业。将军本以兖州首事，平山东之难，百姓无不归心悦服。且河、济天下之要地也，今虽残坏，犹易以自保，是亦将军之关中、河内也，不可以不先定”[31]。这是曹操的主要谋士荀彧对当时战略格局的分析，阐明了兖州的重要性，认为黄河、济水所流经的这一地区，“进足以胜敌，退足以坚守”，属于“天下之要冲”。兖州在军事上如此重要的地位，除曹操外，其他的割据者也有觉察，袁绍即为其中的代表。袁绍出身于汉末贵族世家，由于家世和社会关系的原因，与董卓在京师洛阳决裂后，直奔河北，追随者甚重，不战而得冀州，兵力雄厚。据《三国志·魏志·武帝纪》载：“绍曰：吾南据河，北阻燕、代，兼戎狄之众，南向以争天下，庶可以济乎?”这里，袁绍毫不隐讳地阐述了自己的战略意图，即占据河北之地，再以此为根据地，渡河而南，最后夺取天下，统一全国。因此，为了实现自己争夺天下的目标，袁绍一方面以冀州为根据地，与以幽州为根据地的公孙瓒展开斗争，并觊觎并州、青州。另一方面，关注大河之南，兖州的动向，欲插手河南之事[29]。

曹操剿灭东郡黑山军后，如谢承《后汉书》说：“袁绍以曹操为东郡太守。刘公山（刘岱）为兖州刺史，公山为黄巾所杀，乃以（曹）操为兖州刺史。”袁绍此举实则在力保北方稳定的同时试图将自己的势力范围向河南扩展，在一定程度上对兖州地区加以控制。而公元 191—196 年间恰为曹操

的创业初期，战斗实力较弱，袁绍强大的军事力量和政治号召力对后援曹兵军用物资，帮助其在兖州站稳脚跟发挥着重要作用。交好袁绍、安定兖州为此时曹操军事任务的主旋律。在此期间，曹操两次遭遇强劲的外来进攻，均在袁绍的帮助下度过，并最终得以安定兖州。“袁、曹方睦”“曹袁一家”成为公认的关系。

第一次：凉州军事集团控制下的东汉政府（包括董卓所立的汉献帝在内）不再承认参加伐董战争的关东州牧郡守，因而派金尚赴兖州代替曾参加反董战争的兖州刺史刘岱。途中，金尚为袁术所控，袁术以此为由攻打兖州，以武力支持金尚接任。此时，曹操已在袁绍的支持下任东郡太守，占据兖州，对东汉所任命的兖州刺史自然不会承认。袁绍增兵支援曹操使袁术在抵达陈留郡封丘县时，即遭到迎头痛击，以致“流离迸走，几至灭亡”。此次战役中袁术受到重创，被遏制于九江以南，基本丧失了讨伐中原的实力。自此，曹操南方军事压力减弱。第二次：公元 193 年曹操父亲在徐州遇伏击，曹操为了向负连带责任的徐州牧陶谦兴师问罪，前后两次尽起大军攻入徐州。正当曹操在徐州城大肆杀戮时，兖州却由于陈宫趁机串联吕布、张邈抢夺兖州而危在旦夕。由于此时曹军精锐部队已前往徐州，难以及时回兵平叛。一时间，偌大的兖州只剩三县坚守不降。当曹操进攻徐州而后院失火时，给曹操以支持的还是袁绍。谢承《后汉书》说：“（曹）操围吕布于濮阳，为（吕）布所破，投（袁）绍，绍哀之，乃给兵五千人，还取兖州。”袁绍援兵的及时跟进使曹操得以“尽复收诸城，击破（吕）布于巨野”。赶袁术斩吕布后，兖州境外来自南方、东方的军事压力大大减轻，且境内反曹的豪族势力被彻底消灭，曹操从而坐稳兖州之地[29]。

待曹操全面掌控兖州，并以此为根据地清扫周边弱小势力，占徐州、豫州，军事实力不断强大后，曹袁间矛盾陆续展露。而且两军沿大河南北对峙的战斗局面日渐清晰，进一步促使彼此新的敌对关系取代旧有的睦好关系。曹袁军队彼此了解，在以往双方协同作战转变为彼此间的独立抗战后，借由各种军事谋略保证自身军粮兵力的及时供应或阻碍敌军军用物资运输成为决定战争胜败的关键因素。

曹袁间爆发的官渡之战，作为我国历史上著名的以少胜多的战役，很好地证明了上述观点。建安五年（公元 200 年）八月，袁绍率军自阳武至官渡前线，依沙堆立营，东西宽数十里与曹军对峙。两军相持到九月间，曹操同袁绍除了数次小的战斗外，始终坚守官渡阵地等待战机。袁绍构筑高橹，堆土如山，用箭俯射曹营，曹营士兵皆蒙盾而行。袁军又挖掘地道攻击曹军，曹军也在营内掘长堑抵抗。就这样双方相持约三个月。在相持过程中，曹操“众少粮尽，士卒疲乏，百姓困于征赋，多叛归绍者”，处境很困难。在几乎难以支撑之时，曹操写信与荀彧，打算从官渡撤退。荀彧在回信中说：“绍悉众聚官渡，欲与公决胜败。公以至弱当至强，若不能制，必为所乘，是天下之大机也。……今谷食虽少，未若楚、汉在荥阳、成皋间也。是时刘、项莫肯先退者，以为先退则势屈也。公以十分居一之众，画地而守之，扼其喉而不得进，已半年矣。情见势竭，必将有变。此用奇之时，不可失也。”曹操接受了荀彧的意见，一面坚守官渡阵地，一面积极寻求战机。同年九月，袁绍从后方运来军粮几千车。曹操派徐晃、史涣率军夜袭军粮并烧之，给袁军带来了很大困难。真正置袁军于绝境的是随后的乌巢决战。十月，袁绍又从河北运来一万多车军粮，置于官渡背面的乌巢。鉴于前次军粮被烧的教训，袁谋臣沮授建议袁绍派蒋奇率一支部队驻扎，以防曹军突袭。但袁绍自恃兵力强大，未采纳沮授的建议。而此时，曹操的粮食已经维持不了几天。就在官渡战事的关键时刻，袁重要谋臣许攸因不满袁绍对其家属的扣押而投奔曹操，并献计：“公孤军独守，外无救援而粮谷已尽，

此危急之日也。袁氏辎重万余乘，在故市、乌巢，屯军无严备，若以轻兵袭之，不意而至，燔其积聚，不过三日，袁氏自败也。"并且告诉曹操说："淳于琼等将万余兵迎运粮，将骄卒惰，可要击也。"此时，粮食已是关系双方胜败的关键，因此曹操将袭击乌巢军粮看作是关系全局胜败的关键一仗，便亲率步骑五千，从间道直奔乌巢，到达后立即放火烧粮。自此曹军转危为安，获得官渡决战的胜利[32]。而"绍众大溃。绍及谭弃军走，渡河"，"冀州诸郡多举城邑降"。按理说这正是曹操乘胜追击一举攻取冀州的大好时机，但他没有贸然北进，而是果断回师收兵。此为曹操担心战线过长，后方补给跟不上的无奈之举。《三国志·魏志·荀彧传》载有曹操的表文，曰："……及绍破败，臣粮亦尽，以为河北未易图也。……"

曹操官渡获胜自然与其审时度势、战法多变直接相关。但是诱敌深入，断其粮草是取得最后胜利的关键。曹操虽然想尽快剿灭袁绍，攻占北方，取得霸业，而未乘胜追击，贸然北进，也是出于对军粮供应问题的担心。此役之后，曹操审慎地思考了军器粮运问题，故而在随后统一北方的战争中将凿运河通水运保兵粮放到战略部署的重要位置。河北运河正是在这样的背景下由曹军修建的。

**2. 曹袁战争的发展与河北运河的布局选择**

公元 201 年，袁绍去世。河北之地便交由袁绍长子袁谭、次子袁熙、四子袁尚、外甥高干分别控制[30]。四股势力如何讨伐摆在曹操及众谋臣面前。郭嘉言："袁绍爱此二子（袁谭和袁尚），莫适立也，有郭图、逢纪为之谋臣，必交斗其间，还相离也。急之则相持，缓之而后争心生……[31]"郭嘉料事如神，建安八年（公元 203 年）袁尚、袁谭内讧。曹操便趁机伪许援谭，得以占据冀州的南大门——黄河岸上的军事重镇黎阳[33]。攻占黎阳虽开启了曹操征伐北方之路，但河北平原幅员辽阔，冀州北部及并州、幽州距曹操河南根据地甚远，吸取官渡之战因恐粮草不能及时送达而放弃乘胜追击的经验，曹军在河北境内随战事的发展先后修建了白沟、利漕渠、平虏渠、泉州渠及新河，从而将四方割据的河北平原经由运河及相关自然水系连接在一起。取代费人力、效率低的陆运供给，经由运河可将军粮运至冀州各处，且北至幽州，西达并州，从而为曹操统一北方的一系列战争提供了可靠的后勤保障。

建安九年（公元 204 年），曹操为进攻袁尚、袁谭，平定冀州，在今淇县和浚县一带的淇水入黄河处修枋头堰"遏淇水入白沟，以通粮运"[35]。白沟是黄河南徙、从宿胥口改向东流后，在其故道上因排水和灌溉需要而产生的一条河流。在这条故道上还有一条清河，即今卫河，流往东北。两河都因黄河去后，水源缺乏，不仅互不相通，而且水少不能担负巨额的军粮运输。在淇水入黄处筑枋头堰后，白沟由于有淇水、清水加入，水量大增，沿着黄河故道向北延伸，接洹水。自此，军粮便可运到邺城以东。同年二月，曹操大军兵临邺城，至八月围困邺城已过半年。最后，曹军一面决漳水灌城，一面在西山阻击袁尚回邺城的援军。袁尚不敌逃于中山。邺城粮尽，守将开城纳降[36]。曹操终于占领了邺城。曹操围攻邺城超过半年，军粮消耗之大可想而知，而始终没有发生如官渡之战中因缺粮而意欲撤军的状况，这与通白沟保证南粮北调有密切关系。邺城是冀州首府，是袁氏经营十余载的根据地。邺城的得失决定着曹袁在北方的胜负。转年，曹操攻袁谭于南皮，白沟继续为曹军北进提供军需补给。

《三国志·魏志·武帝纪》载："三郡乌丸承天下乱，破幽州，略有汉民合十余万户。……辽西单于蹋顿尤强，为绍所厚，故尚兄弟归之，数入塞为害。公将征之，凿渠自呼沲入泒水，名平虏渠；又从泃河口凿入潞河，名泉州渠。"北征讨伐乌丸是曹操剿袁战争的继续，是巩固边防安全，实现北方统一大业之要事。此次战役不仅以制服乌丸为目标，而且直接关系着是否能彻底消灭袁氏残余势力，根除后患[19]。为了取得最后的胜利，谏议大夫董昭建议凿二渠以通粮运，为远距离讨伐乌丸做充分准备。《三国志·魏志·董昭传》载，太祖征乌丸，“患军粮难致，凿平虏、泉州二渠入海通运，昭所建也”。二渠凿通后，建安十二年（公元 207 年）三、四月间曹操率师北上，五月至今天津蓟州区。军粮则经白沟、平虏渠和泉州渠源源不断地运到前线。曹军堑山堙谷五百余里，东指柳城（今辽宁朝阳南）。八月白狼山一战斩蹋顿及名王以下，胡、汉降者二十余万口。袁尚、袁熙无奈东窜到辽东公孙康处，但公孙康因被曹军威势震慑，将二袁斩首[34]。至此，曹操统一北方的战争基本结束。曹军修建的运河除白沟、平虏渠、泉州三条主干外还有为改善邺城交通条件的车箱渠、连接濡水与鲍丘水的新河等，所形成的以白沟为主干的水运网与曹军战争策略相得益彰，为其统一北方发挥了重要作用。

## 2.2 隋朝到宋朝中央集权背景下运河的整体形成

隋朝的建立结束了魏晋南北朝四百年的长期分裂局面，实现了全国统一。自隋文帝时期重点区段的水运整治发展为基于历代开发的运河进行全国范围内的系统改建，最终形成了北达涿郡南达余杭的大运河。隋朝大运河是前朝运河成果继承、发展的产物，也是隋、唐、宋三代的漕运要道，为这一时期中国国运的昌盛和国家的繁荣发挥了不可替代的作用。诗句“隋氏作之虽劳，后代实受其利”“尽道隋亡为此河，至今千里赖通波。若无水殿龙舟事，共禹论功不较多”恰如其分地评价了隋代运河对于后代不可磨灭的贡献，堪与大禹治水相媲美。

唐朝全盘继承隋代运河，从江南运河北上漕船，经三阳渎渡淮，通过汴渠进入黄河，北由永济渠达幽州；西溯黄河过陕州三门险滩后，经渭水抵京都长安。唐代诗人皮日休在《汴河铭》中谈及这条漕运商旅往来不绝的运河时说：“在隋之民不胜其害，在唐之民不胜其利也。”正说明隋代开凿而未及全面发挥效益的南北运河，唐代继承并加以充分利用后开创了漕运全面兴盛的局面。

宋朝在隋唐运河的基础上加以改善，随着水工技术的革新，漕运事业蒸蒸日上，运河的运输能力与日俱增，到宋真宗天禧年间（公元 1017—1021 年）年运漕粮达八百万石，创历史最高纪录。宋朝堪称运河的鼎盛时期，北宋画家张择端的《清明上河图》就生动真实地展现了当时运河漕楫联翩，京都一派繁华的景象。

“全国统一”是隋唐宋运河贯通发展的大背景，区别于春秋至南北朝时期运河因战争需要而在特定时期、局部地域格局前提下的区段性、零散性布局，这三朝运河的发展变迁均依托于全国的宏观政治经济格局。系统分析这段时期运河命运的更迭，对运河背后深刻历史文化性的认知和把握具有重要意义。

### 2.2.1 隋朝统一全国与（东西）大运河的贯通

#### 2.2.1.1 隋朝统一全国与封建中央集权化

公元 581 年，隋文帝杨坚取代北周而自立，改国号为隋，立年号为开皇，确立长安为都城。自开皇七年隋文帝杨坚先后灭梁破陈，不战而收岭南，西晋以来持续 270 余年的分裂局面重新归于一统。

隋朝的统一是当时社会政治经济复合作用的结果，是历史发展的必然。在社会关系方面：自汉末三国以来，北方的匈奴、鲜卑、乌桓、零丁、羯、氐、羌等少数民族大举内迁中原。而西晋末年以来，中原汉族大举南迁，到长江以南的蛮、俚、僚等少数民族生活区内生活定居。上述这种大规模的民族大迁徙带来了我国历史上空前的民族杂居，极大地加强了各族人民的经济、文化交流，建立了我国南北各少数民族与汉族间密切的联系，各少数民族在社会生产方式、生活习惯、语言文化风俗等方面趋于一致，逐渐出现民族融合的现象。民族矛盾日渐削弱，以汉族为民族共同体的认知程度进一步扩大，奠定了隋朝南北统一的社会基础[36]。在经济方面：如前所述，因战乱被迫南迁，移居长江流域的原北方劳动人民将中原地区先进的农耕技术带到南方，使南方长江流域的生产有了很大的提高。例如将南方原来的"火耕水耨"的耕作方法改变为"井成良业"，农业生产得到了极大发展，与北方差距不断缩小。黄河流域因北魏孝文帝实行均田制正逐渐从因五胡十六国连年战乱的破败中恢复。南北经济呈现出的均衡发展态势，迫切要求加强南北地域的联系和交流。隋朝的统一成为南北经济发展的客观需求。在政治方面：在前代分裂割据局面下，每一个割据政权都有一整套官僚机构，结构复杂、官员冗滥。各政权经常签发丁壮为兵，发民为兵，兵役负担和用以给养军队的捐税负担，使百姓不堪重负[37]。要转变这种局面，全国重归于统一成为历史的选择。在统一局面下，封建中央官僚机构替代若干地方官僚机构，对部下投向对立政权中担忧缓解，军队开支降低。集权化的封建中央将重心向以巩固国家统一的社会体制建设和促进经济发展的措施实施转移。

伴随全国统一局面出现的是隋朝封建统治者对中央集权化的政治诉求。自魏晋南北朝以来，地方上世族豪强的势力很大。隋朝统一初期，虽豪族政治地位有所降低，但当时还具有相当大的经济力量和政治干预能力。因此，实现中央集权化成为隋统治阶级挫败地方豪强世族的势力，巩固隋统一政权，强化封建统治的必然选择，这深刻体现在其所采取的一系列有关经济、政治、兵制及国家建设等方面的措施中。

经济方面，由于豪强世族侵田占地，开皇初隋继承北齐的办法实行均田制，其本质虽仍束缚农民于土地上以利于封建统治者的剥削，但在一定程度上限制了地方豪强世族兼并情形的发展，农民多少能够得到一点耕地。如开皇十二年（公元 592 年）下诏："乃发使四出，均天下之田，其狭乡每丁才至二十亩。"[38] 大业五年（公元 609 年）又"诏天下均田"[39]。均田法固然不能真正地解决土地问题，不能制止兼并，但总使世家大族的占田受到遏制，且隋朝历次下诏均田，还含有限制官吏世族占田的意义。如苏威久曾"以为户口滋多，民田不赡，欲减功臣之地以给民"[40]。均田制在打击地方大家世族的同时，使隋统治阶级得到了百姓的支持，社会内聚力增强[41]。

除此之外，阅实户口是隋为实现中央集权在经济方面采取的另一重要措施[41]。该措施是针对豪强世族隐蔽户口，逃避租赋使封建政府收入大为减少的现象而采取的有力举措，曾取得明显的成效。两次阅实户口后，累计得六十八万六千丁，新附二百二十八万两千七百口[42]。此举不仅把世家大族藏匿的户口检查出来，也将那些原来为世家大族专享的压迫对象在某种意义上解放出来，成为封建政府的纳税户，而且极大地强化了隋统治阶级对地方百姓的管理与掌控，有助于中央集权化的实现。在极大地增加封建政府财政收入的同时，又使地方世家大族的经济实力日渐削弱。地方豪强世族受到严重打击，中央集权得到强化。

政治方面，隋朝沿用北周"衣冠士人，多徙关内"[40] 的方法迫使豪族世家迁居关内，从而达到削弱世族大家地方势力，促进集权统一的目的。隋朝打败陈朝后，便将陈朝的皇室大臣世族等迁到长

安，“自后主（陈叔宝）以下，大小在路，五百里累累不绝”[41]，如江总、姚察、蔡征等都迁移到关中[41]。这一举措使许多地方势力不得不搬离其发源地，从而受到严重打击，而居天子脚下，便于隋统治阶级对其的监控和管理，封建中央政权得到凸显。

军事力量方面，隋朝积极推行府兵制，即中央设置十二卫，“分统诸府之兵”[45]。此项举措不仅促使军人地著，兵农合一，更旨在将军权从地方豪族手中集中到封建中央[41]。另外，隋朝还对地方行政制度进行改革，鉴于前代割据局面所造成郡县过多的局面，裁去了郡这一级，并合并了一些州县，实行了州县两级制。

官职任用方面，隋朝统治阶级清晰地认识到要将权力集中到封建中央，彻底改变世族把持官吏任用权的局面，还必须要将选举权力控制在中央的手中。因此，一方面，明确三省六部的官制，并由吏部总握地方官吏的选择用舍，即“当时之制，尚书举其大者，侍郎铨其小者，则六品以下官吏，咸吏部所掌。自是海内一命以上之官，州郡无复辟署矣”[46]，废除不以才干只凭世族门第选人的办法。另一方面，废除九品中正制度，即担任州郡中正的都是本州郡的名门望族，推选出来的也都是世族中人，可见九品中正制实质是选举权操纵在地方世族手中[6]。隋炀帝始建进士制即分科选人，从而将考选之权也集中到封建中央政府。该举措不仅有利于隋朝整个社会的发展，更为唐朝中央集权国家发展奠定了基础。

随着隋朝上述制度和措施的颁布实施，中国告别长年战乱纷争，进入全面建设时期，社会生产力获得了恢复和前所未有的发展。到隋文帝晚年，全国已呈现出“户口滋盛，中外仓库，无不盈和”的繁荣景象。日渐巩固的封建地主经济向封建中央统治政权的集权化提出了更高的要求，以带动国家继续向前发展。为此，隋炀帝自大业元年（公元605年）便着手在前代运河的基础上系统化修缮疏通运河，包括在汴渠基础上改凿的通济渠、利用白沟拓浚的永济渠、脱胎于古邗沟的山阳渎以及续修的江南运河，以实现南北贯通，巩固统一。连接全国政治与经济中心的隋朝运河网络体系指向性明确，不仅是中央集权化政治意图在国家基础设施建设方面的深刻体现，也是全国统一局面的产物。

#### 2.2.1.2 隋朝政治经济的地域格局与（东西）大运河的布局选择

从历史地理角度看，运河与中国古代国家政治经济格局间有着紧密的联系。一方面，运河通过沟通富庶之地、国防重地等，漕运粮食、军力以满足国家政治中心的各种需求，从而有效施政。同时，国家的政治经济格局直接影响着运河的分布、走向及其发展趋势。隋朝统一全国，开启了继秦汉后我国历史上第二个统一时期。相比于秦汉，经过魏晋南北朝的发展，隋朝全国各地都取得了很大的进步，除自秦汉便发展起来的黄河中下游关陇地区外，华北、长江中下游流域等地的社会地位明显提升，在全国的地域格局中占据一席之地。因此，隋朝统一局面下，由关中、关东、冀和长江中下游流域四区构成的政治经济格局，不仅决定了隋朝在全国范围内兴修大运河的必然性，也决定了隋代大运河的布局和走向。

**1. 政治中心与主要经济中心的连通即通济渠的开通**

隋朝定都于大兴（今西安）。这并非当时经济因素所决定，而主要是出于社会的历史现实。隋唐一代，民族问题尤为突出，能否抵挡边境少数民族的入侵，关系着隋统治阶级能否掌握民族斗争的主动权和王室统一政权的兴衰存亡。来自西北诸地的突厥、吐蕃、回鹘等少数民族是隋之大患。被山带水的关中地区既是控制西北的门户，又是保卫中原的屏障，是阻挡来自西北武力侵犯的最好

指挥中心。建都长安可"有利则出攻，无利则入守，此用武之国。秦汉因之，卒成帝业，其后或处之而泰，去之而亡"。可见，隋朝建都长安，是对外抵制入侵，对内平息内乱的最佳选择。

但定都长安，有其大利，却同时也隐含着诸多问题。如前文所述，隋王室为了加强统治职权，强化管理，沿用北周"衣冠士人，多徙关内"的方法，迫使豪族世家迁居于关内以削弱地方世家大族的势力。这一政策的实施确在维护国家统一方面发挥了显著的作用，但六国豪富集中迁徙于关中却使关内人口户族岁增，加之自秦汉至北朝关中地区的长期发展积累，至隋代关中八百里秦川有限的面积，出现了"京辅及三河，地少人众，衣食不给"[38]的局面。"地狭人繁"的关中渭河一代的粮食产量，已经难以满足庞大的中央政府增多的官吏、驻军和增加的人口需要，供应极端困难[47]。

因此，以漕运连接关中政治中心与全国经济主产区的关东，并通达伴随北方移民潮而经济水平迅速发展起来的长江中下游流域，解决关中缺粮问题成为隋王朝统治阶级的必然选择。在上述背景下，连接黄河与淮河，通达长江中下游流域的通济渠应运而生。

通济渠建于隋炀帝大业元年（公元 605 年）。据《隋书》和《资治通鉴》记载，"大业元年三月辛亥，发河南诸郡男女百余万，开通济渠"，先"自西苑（洛阳）引谷、洛水达于河"，复"自板渚（今荥阳汜水镇东北三十五里）引河通于淮"。工程上段是从东都洛阳引谷、洛水进入黄河，其间只开挖了部分运渠，做了些局部的拓浚。下段的"引河通淮"工程则比较艰巨。首先是在板渚和浚仪（今开封）之间，对汉、魏汴渠故道进行了整治。浚仪以东又与原汴渠分道，另开新渠，直趋东南，经陈留、雍邱（今杞县）、宋城（今商丘）、永城、宿县、夏邱（今泗县），于盱眙北入淮。这条从洛阳东下黄河，南渡淮河，最后至江都入江的新运河，总长两千二百余里。

**2. 政治中心与重要边境防御区的连通即永济渠的开通**

统一全国后的隋朝，统治区域庞大复杂，其所关心的问题不仅包含如何构建经济主产区与政治中心的联系，还包含对周边军事防御重地的有效控制。

隋政权建立后，河北地区的辖区西起太行山西麓（今山西阳泉的白鹿山），东临渤海湾，北起濡水之源（今滦河源头），南至魏郡汲县，其大致包括今河北省大部分地区，北京、天津一带和河南北部、山东东北部、山西西部、内蒙古南部的小部分区域。隋朝河北以燕山山脉为分界线，北边是半农半牧和游牧地区，南部则属于典型的农耕地区[48]。北部是防御突厥势力的前沿阵地。在隋之前这里活跃着若干民族势力，其中尤以突厥势力最大，常介入该区支配当地的其他势力。隋王朝的建立与强大，使突厥人倍感威胁，双方关系日趋紧张[49][50]。河北北部恰因处于上述民族政权的交界地带而成为关系隋王朝统一格局的焦点。而河北中南部则如《隋书》卷二十九《地理志上》说："自古帝王之受命也，莫不体国经野，以为人极。上应躔次，下裂山河，分疆画界，建都锡社。是以放勋御历，修职贡者九州，文命会同，职玉帛者万国"，属于冀朝鼎先生概括的基本经济区之内，是黄河流域富庶地区的组成部分[49]。不难想象，北部的边防要地及中南部的经济主产区使河北成为制衡全国一统王朝的重要组成部分。"燕蓟不收，则河北不固，河北不固，则河南不可高枕而卧"之言则不难理解。但隋文帝建都长安，对河北地区的统治常感鞭长莫及。为了适应由长期分裂到统一政权的政治需求，隋文帝于开皇三年（公元 583 年）正月，在河北道并州、河南道分设直属于长安中央政权的派出机关行台省[50]。隋炀帝即位后，便诏发河北诸郡男女百余万，开永济渠，引沁水，南达于河，北通涿郡，建立隋中央王朝与边缘地区（河北）的畅达联系。

永济渠是在曹魏旧渠的基础上利用部分天然河道建成的。该工程从武陟、修武之间开渠引沁

水南通黄河，然后北分沁水一部分与前代的白沟、清河相接，经新乡、汲、黎阳（今浚县境）、临河（今浚县东）、内黄、魏（今大名西）、馆陶、临清、清河、武城、长河（今德州）、东光、南皮、清池（今沧县东南）等地，至泉州（今天津）入海河，再西北行，通过疏浚了北魏以来已枯竭的潞河（今北运河），至雍奴（今武清）又沿漯水（今永定河），最后达涿郡所在地蓟城（今北京市区西南），全长约两千里。

**3. 政治中心与政权不安定区的连通即江南运河、山阳渎的开通**

开皇九年（公元589年），隋平陈，标志着长达四百年南北分裂局面的结束。为了巩固来之不易的统一大业，隋文帝先后采取了一系列政策措施以将江南纳入统一国家的政治轨道上来。但在隋文帝强烈"关中本位"意识下推行"尚关中旧意"，意图简单地用关中本位文化取代南方文化以稳固统一的措施，不仅其收效差强人意[51]，更引发了开皇十年、十二年，江南地区两场较大范围的反隋内乱。可见，隋文帝对江南的不力管理证明，简单粗暴的高压政策并不能有效稳定江南政局。冲破南北间诸多政治和文化隔阂，消弭南北经济文化差异，才是安定江南动荡之上策[51]。

对此隋炀帝吸取前朝教训，不仅彻底废除了文帝鄙夷南人的统治政策，而且大胆进用江南人士，尊崇六朝文化，特别是对江南佛、道人物的延揽，利用宗教收揽人心[51]，并进一步立扬州为江都，整修山阳渎、江南运河以加强关中京都与江南陪都间的经济往来和文化交流。

山阳渎和江南运河分别是在春秋邗沟和江南运河的基础上，按照通龙舟的要求，予以扩建而成的（见图2–1）。两者路线均沿袭前朝，前者自山阳至扬子入江，后者则自京口引江潮达丹阳，绕常州，经无锡，过姑苏，抵余杭。

**图2–1　隋炀帝下江南图说（摘自《京杭大运河图说》）**

江南运河和山阳渎的修竣是隋炀帝加强与长江中下游流域联系的重大举措。其不仅在经济方面促进了南北交流，而且还带动了文化融合，缩小了南北差异。在军事上，关中与江南间运河的贯通更方便中央军队顺河而下，及时迅速镇压南方士族可能发动的叛乱。由此可见，此段运河的开通从经济发展和军事防御两方面实现了巩固国家统一的目的。

诚然，自春秋到汉末三国两晋南北朝时期，各个割据政权均有兴修运河的记载，并为后世隋朝大运河、京杭大运河的形成奠定了坚实的基础，但在分裂格局下各段运河零散分布于各政治区，区段性突出，不具有着眼全国的统筹规划。隋朝作为我国社会全面进入封建社会中期后的第一个统一政权，其对运河的规划安排全局性突出。隋朝大运河分别由连接着关中与河北、关中与关东、关中与江南的三段运渠构成的"之"字形骨架，在中华大地上形成了以运河保障分处关东、华北、江南三个关系隋王朝统一政权的地域焦点掌控于隋统治中央的战略格局，从而尽将全国各地网罗于该系统中，为隋乃至唐宋统一局面的维系奠定了基础。

公元 618 年，唐王朝建立，仍以隋京大兴为都，改称长安，而赋取所资除来源于关东外，更加仰赖经济之势迅猛发展，时已超过关东的后起之秀——长江中下游地区。在相似的政治经济格局下，唐代全盘继承隋代运河，从江南运河北上漕船，经三阳渎渡淮，通过汴渠进入黄河，北由永济渠达幽州；西溯黄河过陕州三门险滩后，经渭水抵达京都长安。继隋朝，唐朝对于运河的功效了解更深，对运河的重视程度较隋代有过之而无不及，将隋大运河在经济、政治、军事等各方面的优势发挥得更加充分，而有“在唐之民不胜其利”诗句的流传。

## 2.2.2　宋代北南两朝与大运河的兴衰

### 2.2.2.1　北宋“守内虚外”与南宋“迁都临安”

公元 960 年，后周殿前都点检赵匡胤发动陈桥兵变，取代后周，建立宋朝，成为宋太祖，并定都汴京（今河南开封），号东京开封府，史称北宋。赵匡胤因恐其属下会重施自己军事政变、黄袍加身的故技，将避免“藩镇割据，兵骄逐帅，帅骄叛上”的历史重演，建立长久统治的新王朝视为攸关王朝生死的首要问题。收夺将帅的统兵权、募兵权并使之制度化，加强中央集权统治成为北宋王朝的核心治国之策。如北宋建国二年（公元 961 年），赵匡胤就接受了精通治道的重臣赵普的建议，“唐末五代以来天下久乱，君位频更，此非他故，方镇太重，君弱臣强。今所以治之，亦无他奇巧，惟稍夺其权，制其钱谷，收其精兵”[52]。赵匡胤完全赞同赵普的观点，从而在政治、军事、经济等各个方面实行“守内”政策。

在政治上，皇帝集权、臣属分权。宋朝将防弊之政作为立国之法，从中央到地方，极力分散事权。可由一人负责的则分担几人负责，可设一个机构的则再设几个辅佐。如三分相权，中书省、枢密院都是四、五人共司一职。对各级官吏采取按期调动政策，如州县长吏一律三年一换，以避免久居其守，自成势力，尾大不掉，危及朝廷[52]。北宋皇帝集权达到登峰造极的程度，正如顾炎武所说：“百年之忧，一朝之患，皆上所独当，而群臣不与也。”[53]

在军事上，严密控制军队。公元 961 年和公元 970 年，宋太祖先后两次“杯酒释兵权”，把德高望重的将领闲置起来，起用资浅望轻者为帅。并按照“收其精兵”的原则，“选择精兵。凡其才力技艺有过人者，皆收补禁军，聚之京师，以备宿卫，厚其赐粮，居常躬自按阅训练，皆一以当百。诸镇皆自知兵力精锐，非京师之敌，莫敢有异心者”[52]。其目的即“宿重兵于京师，以消四方不轨之气”。军队的最高权力机关亦一分为三，日常管理与训练权归“三衙”，调动与发兵权属枢密院，直接执行皇帝的命令，将领只有临时统兵作战权，战罢兵交“三衙”。

在经济上，“申命诸州，度支经费外，凡金帛以助军实，悉送都下，无得占留”[54]。即竭尽可能收归全部财权于中央，避免任何能够导致割据或叛变的经济基础的出现，使藩镇、封疆大吏等完全受制于皇帝。

宋太宗曾言：“国家若无外忧，必有内患。外忧不过边事，皆可预防。唯奸邪无状，若为内患，深可惧也。帝王用心，常须谨此。”[55] 由此可见，在北宋统治阶级看来，国家的“忧患”主要来自国内和国外两个方面。其中来自国外的威胁与侵犯，不过是边防问题，可以预防，因此并不可怕。真正可怕的是来自国内的反叛和农民起义。“内守外虚”观点一览无余。

北宋王朝在北部边陲东西数千里的边防线上只布设有少量兵力。他们零散地分布在彼此相对

孤立的据点上，分兵把口，监视外敌行动。主要军事力量，尤其是禁军主力均驻扎在京师及内地要冲地带，以防止国家内部矛盾激化下兵叛的发生。根据有关军队数量的记载可知，当时全国禁军共有 1 927 指挥（每指挥 300~400 人），开封府驻屯 684 指挥，京东路 140 指挥，京西路 165 指挥，河北路 254 指挥，河东路 160 指挥，陕西路 329 指挥，江淮以南 195 指挥。换言之，京东、京西、河北、河东四路之兵可抵京师之兵，合京师、京西、京东之兵可抵全国之兵。而宋王朝用来抵抗契丹、西夏的三路军队，比京师和京西路军队之和还少[52]。京师兵力强盛，边防微兵虚守现象严重。

诚然，“内守外虚”国策，解决了长久以来方镇过重，尾大不掉的痼疾，避免了北宋王朝统治区内分裂割据的重演，使地方兵将俯首听命一改往日跋扈飞扬，更为一定时期内经济的稳定发展，民族文化的繁荣创造了条件。但该政策也造成了严重的后果，并最终成为北宋灭亡，迁都立南宋的主要原因，这主要表现在以下几个方面[52]。

（1）官僚机构臃肿庞大，人浮于事。办事你签我判，左右扯皮，无人负责。

（2）军政败坏，部队缺乏战斗力。北宋初以“听话易制”作为选用将帅的标准。德高望重的将领遭闲置，而平庸之辈却纷纷得以受命出将，兵威不振。京师之军，终日“游嬉于廛市之间，以鬻巧绣画为业，不类军兵”。边关部兵，分散屯居，“不以城邑大小，咸浚隍筑垒，分师而守焉”，“及乎贼众南驰，长驱深入，咸婴城自固，莫敢出战”，“尝以一邑之众，当敌一国之师，众寡不侔，败亡相继，而契丹等莞然自得，出入燕赵，若践无人之境”[56]。故此，“宋与契丹大小八十一战……才一胜耳”[57]。对西夏“连年用兵，有败无胜”[58]。至“靖康之祸，勤王之师，至者绝少。纵有之，率皆望风奔溃，不敢向贼发一矢”[59]。

（3）冗官冗兵，耗费巨大。史载，从宋真宗景德年间到仁宗皇祐年间的 30 余年内，军政官员增长一倍，由一万多人增至两万多人。北宋供养规模前所未有的军队，至北宋中后期，积贫积弱，经济危机严重。

（4）交纳“岁币”购买和平。北宋“虚外”政策使其无力抵御外族入侵，只好利用外交手段屈辱求和。

北宋“守内虚外”政策造成的种种弊端使靖康二年四月金军攻破东京发起靖康之变成为历史的必然。在金人南下的威胁面前，北宋统治者不得不放弃中原腹地，南逃到当时已成为我国重要经济区的江南，立临安（今杭州市）为都。自此，金人占据黄河中下游地区，南宋坐拥长江以南，宋金对峙，南北分立的局面形成。

#### 2.2.2.2 宋朝南北从统一到对峙过程中大运河的兴衰

如前文所述，北宋自宋太祖赵匡胤以来便采取了一系列措施推行“内强外虚”“强干弱枝”政策，将政权、财权、司法权、军权集于皇帝一身，以防止“重兵在边，京师乃单。拂躯以尾，尾不可大，掉之不能，反为躯害”局面的出现。

“以京师为天下根本，强干以固本”成为赵宋国策之根本。不难想象，该国策的推行直接造成“今天下甲卒数十万众，战马数十万匹，并萃京师，悉集七亡国之士民于辇下。比汉唐京邑，民庶十倍[60]”的后果。据《宋史·兵志》记载，仅禁、厢军有兵籍者，太祖开宝年间 37.8 万人，太宗至道年间 66.6 万人，真宗天禧年间 91.2 万人，仁宗庆历年间 125.9 万人，英宗治平年间 116.2 万人。另据《枢廷备检》载，仁宗皇祐之初，兵已达 140 余万人。除禁、厢军外，北宋还有大量“乡兵”“蕃兵”

等。禁军一名年给费用五十千，厢军三十千。如果戍边、过节、征行等，还有丰厚的犒赏。不仅如此，北宋统治者对文臣武将还“恩逮于百官惟恐其不足”。因此，一方面集结了重兵，高度中央集权的都城必然需要全国各经济主产区与其畅顺通达，方能在保障驻地军民士庶基本粮食供应的同时还可提供数量可观的额外物资以满足百官军将奢侈的生活。另一方面，北宋统治者还需要通达各方的交通以在必要时便捷迅速地将集结于京都的兵力向外围输送平叛战乱。在上述背景下，北宋时期以都城开封为中心的运河系统应运而生。

《宋史·食货志》称:“宋都大梁，有四河以通漕运:曰汴河、曰黄河、曰惠民河、曰广济河。”其中汴河因与江淮相接，东南达长江中下游地区，对于当时赋税和经济重心南移后的北宋王朝主要依靠江南漕粮供养庞大的官僚机构和禁军的状况而言无疑是国家发展战略的首要着眼点，在漕运中起到了决定性作用。据史载:“自后定立上供年额:汴河斛斗六百万石，广济河六十二万石，惠民河六十万石。广济河所运多是杂色粟豆，但充口食马料，惠民河所运止给太康、咸平、尉氏等县军粮而已。唯汴河专运粳米，兼以小麦，此乃太仓之实。”[62] 北宋汴河继承了隋代开凿的通济渠，其流路亦如隋唐，即自孟州河阴县(今郑州西北)引黄至开封东南流，经商邱、宿州、灵璧、泗县，于古泗州城与盱眙之间入淮。江淮粮粟，淮南路、江南路、两浙路、荆湖路的租籴，皆由此运至京师。据《宋史·河渠志》卷九三载:“汴水横亘中国，首承大河，漕引江湖，利尽南海，半天下之财赋，并山泽之百货，悉由此路而进。”

惠民河由蔡河、闵河和合流镇至长平镇的运河三部分组成。蔡河即为战国魏国所开鸿沟，隋开通济渠时亦利用蔡河上游段，但自开封向南的下游段淤废。直至后周显德六年在东京城东引汴河水入下游段，蔡河才贯穿东京，通许县西北，扶沟县，经长平镇至合流镇的运河，接颍水入淮河。将陈、颍、许、蔡、光、寿六州之漕米运至京师。

广济河为唐武则天时期所开湛渠，由汴州通往曹、兖等州，因其宽五丈，又名五丈河。宋太祖建隆二年(公元961年)疏浚广济渠，自此广济渠在东京城西北，引京水、索水、蔡水为源，向东北流，经兰考、定陶、巨野、梁山泊、济州，接当时北清河入海。将京东十七州之粟帛运至京师。黄河则将陕西诸州菽粟经此入汴，运至京师[63]。

北宋王朝以汴河为主干，以东京为中心，南流入汴而通江淮，东流入五丈河(即广济河)以连齐鲁，南流入蔡河而接陈、颍的向心状(也可以理解为放射状)漕运系统“派引脉分，咸会天邑”，起着“舳舻相接，赡给公私，所以无匮乏”的作用，为北宋初中期社会的稳定和发展发挥了重要作用。

全汉升先生认为:“北宋立国之策以避免唐末五代藩镇之祸为根本，以中央集权为核心。为了贯彻中央集权政策，政府不得不集重兵于中央，以提高中央威望。中央驻兵的实行对粮草的供给提出了较高的要求。为了满足中央巨大的粮食需求，北宋王朝放弃建都于形势险要而漕运不便的洛阳和长安，而选择南粮较易方便送达的汴京为都。”[64] 但开封地处黄河中下游平原，四周地势平坦，无高山大川之障，军事上无险可凭。与此同时，北宋王朝为保证集权政策的推行，以削弱国防为代价，造成边防空虚，对外族入侵攻则无力，守则不保，最终导致北宋战略上的极大被动。故自北宋中期以后，屡遭辽和西夏侵犯，国内失地不断增加。至靖康二年(公元1127年)北方女真族所建金国南下攻打宋京开封，掳走宋钦宗赵桓及其父徽宗赵佶，北宋灭亡。不久，赵桓之弟康王赵构在南京(今河南商丘)继位。但金兵踵侵，又再南逃于建康(今南京)，随后又迁都临安(今杭州)，建南宋。

金灭北宋，南宋偏处江南，南北对峙，战乱不休。汴河则随宋朝国势从盛极一时的大动脉日渐淤废，最终湮灭。如南宋孝宗乾道六年（公元 1170 年）范大成出使中都，由泗州陆行过汴京时说："汴河自泗州以北皆涸，草木生之。"楼钥《北行日录》则更详细地写道："十一月二十九日辛巳，天明雪作，副使以下，巳时渡淮至泗州草馆，望拜如仪……。十二月一日壬午，晴，车行六十里，临淮县早顿……。二日葵末，晴，风，车行八十里，虹县早顿……，饭后乘马行八十里，宿灵璧。行数里，汴水断流。人家独处者，皆烧拆去。闻北人新法，路傍居民，尽令移就邻保，恐藏奸盗，违者焚其居……。三日甲申，晴，车行六十里，静安镇早顿；又六十里宿宿州。自离泗州，循汴而行，至此河益堙塞，几与岸平，车马皆由其中，亦有作屋其上……"还据清光绪《泗虹合志》卷三《汴河考》载："泗旧州与虹县皆跨汴而城，其上游灵璧、宿州亦然。今旧州久沉于淮，汴河故道，不可复寻。灵璧以上，行迹湮没；唯虹城东西，河身尚存，而滚滚滔滔者，岂真汴水耶？"与汴河命运相同的还有永济渠。自宋仁宗庆历八年（公元 1048 年）黄河大决于澶州商胡埽，改道北流以来的七、八十年间，黄河北流与东流相互交替，反复决溢，御河漕运，奄奄一息。

综上所述，北宋王朝"守内虚外"国策下的中央集权，促进了当时以开封为中心的向心状漕运系统的发展，带来了京都的繁荣。但该国策所造成的边防空虚、积贫积弱等弊端，给北部少数民族势力提供了可乘之机，也使"靖康之变"的发生成为必然。南宋的建立标志全国自隋唐统一局面以来再度进入南北对峙格局，加之此时黄河决口，东、北二流交织，使隋朝建立的大运河受到严重破坏。汴渠、永济渠先后湮灭，仅地处江南内部的邗沟与江南运河得以幸免。自南宋与金对峙到下一个稳定政治集团元王朝的建立，在这期间的 144 年中，以开封、洛阳为中心的黄河中下游流域战乱不断，人口大幅减少，经济极度萧条，而南方以偏于一方之地域优势仍在发展，关东一带在全国的重要地位已彻底丧失，江南经济重心地位日趋稳定，此局势不仅标志着国家的政治经济格局将要进入新的阶段，也预示着大运河的布局走向将发生重大改变。

## 2.3 元代至清朝民族统一背景下运河的格局转变

### 2.3.1 元代政治经济格局与元代大运河格局"弃弓走弦"的转变

#### 2.3.1.1 元朝以大都君临中原，以上都笼络草原的政治格局

公元 1271 年，元世祖忽必烈定国号为元，迁都大都，即今北京，从此开启了大都作为国家正都的历史。在中国古代封建社会，一代政权对于都城的选择与该政权所处的时代背景、统治思想和统治重心有着深刻关系。元朝是蒙古族建立的统一王朝。在此之前，中国历史上还没有出现过少数民族或其建立的王朝能够统一全国的先例。元朝一改前朝建都关东或关中地区的历史，而选择位于幽燕地区的燕京为都，有其深刻的政治意义，并对此后全国统一事业的巩固和发展产生了重大影响。

蒙古族领袖成吉思汗的固本之地在三河源头，即今蒙古国大肯特山一带。对于游牧民族而言，逐草而居的生活方式使之对城池乃至都城的概念甚为模糊。直到太宗窝阔台称汗时期，蒙古族才在漠北草原中心地带的翰尔寒河（今蒙古国鄂尔浑河）建立都城，将其命名为哈喇和林城。

元宪宗蒙哥元年（公元 1251 年），忽必烈长兄蒙哥继位为蒙古国大汗。忽必烈则受命前往漠

南汉地掌管军令民事。经过忽必烈及其幕僚属下数年的经营与努力，其所掌管的漠南汉地及部分中国北方地区形成了局部经济繁荣区。其间，忽必烈以周公、唐太宗为榜样，不仅广招天下贤才，初步奠定了蒙古贵族革新派与儒学汉士及军阀间的政治联盟，而且专研汉史儒学，明确了其“大有为于天下”[65]，统一全国的远大志向。正是在这种情况下，元宪宗六年（公元 1256 年）忽必烈集其众谋臣之谏，建开平府，从原漠南金莲川幕府向中原腹地靠近[66]。开平府地理优势明显，恰好位于大漠、草原与华北平原的交接处，地处南北交通要道，不仅便于与蒙古国国都哈喇和林汗廷的联系，会朝展亲，述职奉贡，更重要的是开平府所在地亦有利于其与燕、赵、中原地区的交通往来。

元世祖中统元年（公元 1260 年），忽必烈在开平举行的库里台选汗大会中，受到部分蒙古宗王贵族和汉族武将文臣的推举成为蒙古国大汗。而此时，其弟阿里不哥在诸王贵族中守旧派的拥护下，在哈拉和林城举行的库里台推举大会中亦当选为大汗，控制蒙古国的首都即哈拉和林地区[67]。无论从忽必烈继承汗位时的形势和处境考虑还是从其建立一个正统王朝的志向着眼，定都何处成为当时摆在忽必烈面前的首要问题。

对于以统一中国为最终目标的忽必烈而言，偏于中国北部一隅的和林城虽素为蒙古国都城，但难以实现控制全国的目标。定都和林城不仅会导致其失去中原汉族人民的支持，而且还会阻碍蒙汉统治阶级的进一步联合，影响忽必烈政权对中原和南方的管理等[66]，自然不是上选，而且和林地区的势力更支持阿里不哥，对忽必烈甚为不利。因此，中统四年（公元 1263 年）五月，忽必烈正式颁发诏书言“升开平府为上都”[65]，从金莲川幕府迁都于此。开平城因其地处蒙古草原和中原汉地的交接处，自元宪宗六年便受到忽必烈政权的重视，由刘秉忠设计并主持修建。正如忽必烈的重臣廉希宪所述：“上都，圣上龙飞之地，天下视为根本。”[68] 定开平为上都是以忽必烈为首的蒙古政治中心向中原的第一次靠近，是当时多民族政权存在和政治斗争的必然选择，不仅标志着忽必烈所带领的蒙古族革新派地区从游牧经济向农业经济的转化，而且反映出忽必烈从原蒙古国根据地向中原汉地逼近的军事战略计划，对于日后建立元朝，统一全国起到了极为重要的作用。

迁都开平后，忽必烈并夏灭金全面占领中国北方诸地，东北、西北地区成为其南下攻占南宋的有力物质保障，同时也是其建立起对全国统治的广泛而深厚的后方条件。而进一步衰落腐朽的南宋王朝更使蒙古军队过江占宋势在必得。面对即将实现的全面统一政权，至元八年（公元 1271 年）忽必烈建国号为元，定都问题再次成为焦点。

忽必烈即位后，迁都于燕京之建议不断，其原因是“燕京东控辽碣，西连三晋，背负燕山，左拥太行，右濒渤海，挟五关之险而凭临中夏，自古以来就是中原通往东北和漠北的交通要道，是中原和北方王朝的重镇。辽朝以此为南京，金海陵王从会宁府迁都于此，修建宫阙，建立宗庙，改名为中都，使之成为一代王朝的都会。我朝龙兴漠北，定鼎和林，至今已经六十年。漠南汉地已归我所有，中原、江南亦旦夕可下，故而定鼎，驻跸之所不应再在漠北的和林，即使开平也不便于实现对全国的统治”[66]。元臣霸都鲁也向忽必烈建议“幽燕之地，龙蟠虎踞，形势雄伟，南控江淮，北连朔漠。且天子必居中以受四方朝觐。大王果欲经营天下，驻跸之所，非燕不可”[69]。

燕京地处今华北平原的最北端，三面环山，中间是平原，向东南敞开，即所谓“幽州之地，左环沧海，右拥太行，北枕居庸，南襟河济”的形胜之地[67]。对于初建政权，欲稳固中原，南下攻占南宋的元朝而言，控制燕京这一华北平原最北端的军事要地向北可控金、西夏故地，向南可达南宋政权区，既有助于安抚和治理金、西夏故地，又便于指挥攻占南宋的战争，无论是加强对中原地区的控制还

是提供对南宋战争的后方支援与调兵遣将，均比位于漠南的开平和草原的和林具有突出优势，在一定程度上对元朝统一大业的进程起到决定性作用。忽必烈作为深谙军事战略的一代枭雄自然深知其中的道理，颁布了《建国都诏》[70]："经中书省臣议，开平府阙廷所在，加号上都。并可在燕京修复宫室，分立省部，作为四方会同的另一个中心。"并下令成立提点宫城所，责刘秉忠、谢仲温等负责新城址的选定，城池、宫阙的规划；责张柔、张弘略父子，段天佑，也黑迭儿等行工部事，监管宫城的修建工作[66]。最终于至元九年（公元 1272 年）正式迁都燕京，将其改名为大都。

与此同时，忽必烈为了兼顾其对原蒙古国疆域的控制，并未放弃开平，而是参考唐朝的两都制及辽、金两朝的陪都制，将大都立为国都，加号开平为上都定为陪都，从而形成"以大都君临天下，以陪都驾驭漠北"的政治格局。元朝的两都制具有明显的草原游牧民族特色[66]，即以大都保证其环顾中原，而以上都维持与草原的联系。

综上所述，元朝经过两次迁都不断将政治中心向中原地区迁移，并最终确立了"以燕京为国都，以开平为陪都"的政治格局，充分体现出其控制中原和南方各族，巩固全国统一局面为本的治国之策，同时兼顾与蒙古草原政治联系和经济文化交流的发展方针。元朝作为中国历史上第一个由少数民族建立的政权其定都大都的战略格局导致大运河整体格局的巨大变化。

#### 2.3.1.2 元朝迁都燕京与大运河"弃"弓走弦"的格局转变

忽必烈带领的蒙古族军队以其军事上的明显优势改变了 13 世纪初叶中国由北方金、南方宋、西北西夏及西辽、西南大理及吐蕃等组成的封建分立局面，创建了一个将蒙古、汉、契丹、女真等多民族统一在一起的全新的统一王朝[71]。这一从北方草原崛起的少数民族政权为了巩固其在中原及南方地区稳固的统一政权，同时兼顾与蒙古大本营间的联系，将全国的政治和军事中心从汴京和临安等处迁于燕京，首开以幽燕之地作为政治军事中心的历史。此时，南方尤其是东南沿海一带作为全国经济重心的地位已经非常稳固，京师所需亦"无不仰给于江南"。

但是经过辽、宋、金、元间长达 144 年的战争，加之黄河自开封改道东流至徐州会泗南下夺淮入海的改变，由隋朝建立，唐宋巩固发展的大运河已遭到严重破坏，致使元初的漕运面临十分艰难的境遇。当时经江南运河及山阳渎北上物资，到淮安进入黄河，然后逆水西行至中滦（今封丘）上岸，陆运一百八十里到淇门（今淇县南）又转水运，循御河、白河抵通州再陆行五十里，才能到达北京[72]。这种辗转中原、水陆兼程的运输方式，不仅十分艰辛，而且不能保证京师的供应。

面对北移的政治中心及破败的隋唐大运河，全面改造运河，建立一条连接江南与大都南北的直达运道成了攸关元王朝生存发展的军国大政。如元朝重臣伯颜所说："都邑，乃四海会同之地，贡赋之入，非漕运不可。若由陆运，民力惫矣，川渎所经，何地径便，此方今便宜，博加询问，必有知者。至上都入见，奏言：江南城郭郊野，市井相属，川渠交通，凡物皆以舟载。比之车乘，任重而力省。今南北混一，宜穿凿河渠，令四海之水相通，远方朝贡京师者，皆由此致达，诚国家永久之利。"[73]元世祖忽必烈亦悉知此理，接受了伯颜的建议，开始了沟通南北内河航运，改建运河的建设。

**1. 第一阶段：疏通前朝永济渠**

永济渠曾对隋、唐两朝的南北运输起过重大作用。但自金打败北宋王朝，攻占中原及北方大部后便因失于修治日渐衰落。据元朝都水监在至元三年（公元 1266 年）七月六日的报告中说："清州之南，景州以北，颓阙岸口三十余处，淤塞河流十五里。至癸巳年朝廷役夫四千修筑浚涤乃复行舟，今又三十余年，无官主领。沧州地分水面高于平地，全借堤堰防护，其园圃之家掘堤作井，深至丈余

二丈，引水以溉蔬花。其长芦以北，索家马头之南，水内暗藏桩橛，破舟船，坏粮物。”[74] 为了加强维护管理，以保漕运。于是通令：“滨河州县佐贰之官兼河防事，于各地分巡视，如有阙破，即率众修治，拔去桩橛，仍禁园圃之家，毋穿堤作井，栽树取土。”[74] 至元七年（公元 1270 年），“水泛武清县，又役夫一千，予以疏浚”。

**2. 第二阶段：开辟山东安山与济宁间的济州河**

济州河建于至元二十年（公元 1283 年），从济州（今济宁）到须城（今东平）安山，长达一百五十里。据《元史·河渠志》载，该工程利用当时泗水南流会黄大清河出海的自然条件，“于兖州立牐堰，约泗水西流，堽城立牐堰，分汶水入河，南会于济州”。即在奉符（今泰安）堽城附近汶河上筑坝，遏汶水，于汶水左岸设斗门引汶水入洸河往西南流向任城（今济宁）。在兖州城东泗水上筑金口坝，拦截泗水，于泗水右岸建斗门引泗水西区与洸河合流，一并出任城分流南北，以供航运用水。同时，“以六牐撙节水势，启闭通放舟楫。”[74]

济州河开通后，南来漕船虽可水运直达安山，但仍需下济水（今大清河）顺流至利津入海，再由海路转运至直沽（今天津）。但由于海口常淤阻，又迫使货物在东阿改陆运至临清入御河北上。可见，打通安山至临清的水运，势在必行。

**3. 第三阶段：开辟山东安山与临清间的会通河**

在安山至临清间的会通河尚未开通时，来自江淮的漕船经济州河至安山后必须转为陆运才可达御河，单是这一段陆运的人力就需一万三千户[74]，费时费力甚为不便。因此据《元史·世祖本纪》记载，至元二十五年十月，桑哥便向世祖忽必烈进言：“安山至临清为渠二百六十五里。若开浚之，为工三百万，……为钞二万八千锭，费略相当，然渠成亦万世之利，请以今冬备粮费，来春浚之。”

至元二十六年（公元 1289 年），元世祖根据桑哥及寿张县尹韩仲晖、太史院令史边源的建议，开会通河，“起东昌路须城县安山之西南，由寿张西北至东昌，又西北至于临清，以逾于御河”。其长二百五十余里，“中建牐三十有一，度高低，分远迩，以节蓄泄”，启闭通放舟楫。会通河一举贯通了南北大运河，使南来漕船可直达通州。

会通河的修建标志着我国古代水工技术在汉唐宋朝修筑运河基础上的又一跨越。如《元史纪事本末》指出：“汉唐都关中，宋都汴梁，所漕之河，皆因天地自然之势，中间虽或少假人力，然非若会通一河，前代所未有，而元人始创立之。”可见，元代新开会通河的难度和长度为前代所未及。河渠官礼部尚书张孔孙等亦说：“开魏博之渠，通江淮之运，古所未有。”

**4. 第四阶段：开辟通州至大都的通惠河**

济州河和会通河的相继开通使内河漕运可由江淮北上入泗水，经济州河、会通河、御河直达通州。但自通州至元大都仍有五十多里的旱路，“陆挽官粮，岁若干万，民不胜其悴”。故开挖从通州到大都的通惠河是元代改造大运河的最后一项工程。

据《元史》卷六十四《河渠志》记载：“至元二十八年（公元 1291 年），都水监郭守敬……建言：疏凿通州至大都运河，改引浑水溉田，于旧闸河踪迹导清水，上自昌平县白浮村引神山泉，西折南转，过双塔、榆河、一亩、玉泉诸水，自西（水）门入都城，南汇为积水潭，东南出文明门（今崇文门北），东至通州高丽庄入白河，总长一百六十四里一百四步。塞清水口一十二处，共长三百一十步；坝闸一十处，共二十座，节水以通漕运，诚为便益。”该建议得到元世祖的支持，于至元二十九年（公元 1292 年）春开工，至元三十年秋完成，得名通惠河。

因为北京到通州地形高差达二十多米，水源问题关系着通惠河开凿的成败。郭守敬根据地理水文资料，在总结前人经验的基础上，分别论证了“引潞水”“引芦沟水”“引玉泉水”及“引白浮泉水”四个方案[7]，最后选择将昌平的白浮泉作为水源。调引白浮泉水济运工程是在大都城西北，修筑一条北起白浮村，南到青龙桥，长五十多里的白浮堰，拦截昌平以南的西北各路水泉，引入大都，然后穿城而过，东流至通州。

通惠河通航后，“先是通州至大都陆运官粮岁若干万石，方秋霖雨，驴畜死者，不可胜计，至是皆罢之”。从此南来漕船可直抵大都城内积水潭，从而成为元代大运河的北京港。据《元史·郭守敬传》载：“至元三十年，帝（元世祖忽必烈）还自上都，过积水潭，见舳舻蔽水，不胜喜悦。”（见图2-2）

**图2-2　通惠河沿岸风光（摘自《京杭大运河图说》）**

因为元朝采取以大都（燕京）君临天下的政治格局，不像汉唐的首都居关中一带，所以前朝保留下来的部分河道难以再次被元王朝利用。这不仅造成元朝运河修建工程的规模庞大，而且使元代大运河的体系甚为复杂，除部分沿袭前代的运河外，还有新辟河段，也有利用自然河流通航的河段。总体而言，元代大运河自北而南由以下河段组成[7]。

（1）通惠河：自昌平神山麓穿北京城至通州高丽庄，全长一百四十里。其中北京至通州段，约长五十里。

（2）通州运粮河：即今北运河。从通州南下经杨村至天津入大沽河，西接御河，约长二百四十里。

（3）御河：即卫河，隋之永济渠。自天津经清州、南皮、德州至临清，接会通河，长九百余里。

（4）会通河：自临清经东昌（聊城）、寿张至须城安山，接济州河，长二百五十里。

（5）济州河：从安山岛济州，入泗水，长一百五十里。

（6）泗水：自济宁经鲁桥、南阳、湖陵城（鱼台东）、沛县、留城至徐州北茶城入黄河，长约三百九十里。

（7）黄河漕道：从徐州经邳州、宿迁、泗阳至淮阴会淮，之后到淮安入山阳渎，长六百余里。

（8）山阳渎：即古邗沟西道，今里运河前身。自淮安经宝应、高邮、扬州至瓜洲入长江，长三百余里。

（9）江南运河：自长江南岸的镇江起，经丹阳、常州、无锡、苏州、平望、嘉兴到杭州，长八百余里。

综上所述，元朝以大都为政治中心，以江南为基本经济区的政治经济格局，不仅促使了济州河、会通河和通惠河的开通以及汴渠的彻底湮灭，从而使自隋朝肇始历经唐、宋的大运河的“弓”形格局转变为“弦”形格局，而且决定了元朝大运河将南方的钱塘江、长江和长江以北的淮河、黄河、海河等连接到一起，形成海河、黄河、淮河、长江、钱塘江混而为一的水运网络。

### 2.3.2　明清“避黄通运”治运思想下运河的繁荣

公元 1368 年，朱元璋称帝，立国号大明。明初，“太祖（朱元璋）都金陵（今南京），四方贡赋，由江以达京师，道近而易”[75]，除了需借漕运支援北方局部战争扫除元朝残敌外，明朝廷对南北漕运的需求较低，漕运地位被政府所忽视。但“靖难之变”发生后，明成祖朱棣篡权即位，改元永乐。朱棣因恐金陵依然存留的建文朝遗风和因袭旧朝的遗俗会对新朝的稳固产生不良影响，加之建文朝削藩政策所造成的北边空守，边疆安全受到元遗留势力的威胁，登帝位后不久便迁都北京。伴随中国政治中心再次回到燕京，南粮北调任务日益加剧的事实，明王朝全面继承了元代运河的南北格局。另外，不仅根据各运段的实际情况大力修缮，更从整体着眼分析黄运关系，对运河整体格局进行统筹治理，从而开创了“漕运直达通州，而海陆运俱废”[76] 的新局面。

如前所述，在运河的宏观格局方面明代对运河的治理主要集中于黄淮交汇处。根据前后对于黄运关系治理策略的不同，可主要分为两个阶段。

**1. 重立分水点及避黄兼用黄**

如前文所述，元朝在堽城筑坝，引汶水入洸河，流至济宁后，使汶水分流南北，一举贯通了会通河，但从使用效果看，因存在规划设计方面的缺陷，北行水量不足，时常淤阻。永乐初，济宁同知潘书正上书，陈述了疏通会通河的重要性，并明确指出：“会通河道四百五十余里，其淤塞者三分之一，浚而通之，非惟山东之民免转输之劳，实国家无穷之利。”[7] 朝廷采纳了他的建议，命工部尚书宋礼，刑部侍郎金纯，都督周长等主持修浚会通河。

经过现场勘查分析，宋礼等人采纳了汶上老人白英之谏，即在汶水下游东平戴村筑新坝，以拦汶水使之全部流至济宁以北的南旺。南旺因在山东运河沿线地势最高而享有“南北之脊”之称。因此分水点从济宁移至南旺后，“南流接徐、邳者十之四，北流达临清者十之六”[77]，有效地解决了前朝会通河水量不足，行水不利的问题。不久，针对会通河河道“岸狭水浅，不任重载”的问题，大力疏浚，将原渠道拓宽至深一丈三尺，底宽三丈二尺，使“八百斛之舟迅流不滞”[7]，收效明显。据《明史·陈瑄传》记载：“宋礼既治会通河成，朝廷议罢海运，仍以瑄董漕运，议造浅船二千余艘，初运二百万石，浸至五百万石，国用以饶。”

除此之外，宋礼等人其他的修缮措施还包括：从汶上袁家口开新河将会通河东移五十里至寿张沙湾；疏通祥符鱼王口至中滦下二十余里的黄河故道，自封丘金龙口，引河水“下鱼台塌场，会汶水，经徐、吕二洪南入于淮”，以接济运河水量等 [7]。前者的修缮目的在于防止黄河北犯，冲毁运道，而后者则在于利用黄河之水，以济运之不足。上述两举措充分展现出明初“避黄兼用黄”的治运策略。嘉靖末年，河督朱衡的所谓“茶城以北，当防黄河之决而入；茶城以南，当防黄河之决而出”[76] 正是上述思想结合实际地缘条件的具体化表达。

**2. 避黄通运，开辟新河道**

明世宗嘉靖年间，黄患集中发生于徐州附近，或运道为黄河冲毁，或黄河脱离了运道，导致“运

道淤阻”“徐吕浅涩”“粮艘阻不进”[7]。面对黄河对运河的频繁干扰和破坏,明朝在治黄保漕方面做了很多努力,并逐渐认识到“另辟新河道,以避黄河之险”是解决问题的根本途径。南阳新河和泇河正是在这样的背景下修建的(见图 2-3)。

图 2-3　汛舟安内(摘自《京杭大运河图说》)

明嘉靖四十四年(公元 1565 年)七月,黄河再次大决于沛县,“漫昭阳湖,由沙河至二洪,浩渺无际,运道淤塞百余里”。而早在嘉靖六年(公元 1527 年),左都御史胡世宁便根据当时“大河冲入鸡鸣台,夺运河,沛地填淤七八里”的情况,提出在“(昭阳)湖东滕、沛、鱼台、邹县间独山、新安社地别凿一渠,南接留城,北接沙河,不过百余里。厚筑西岸以为湖障,令水不得漫,而以一湖为河流散漫之区”之谏以避黄保运,但因嘉靖七年的一场旱灾而“罢新河之役”,工程中途停滞。嘉靖四十四年的黄河决口促使总理河道官朱衡再巡黄河沛县一带,见“盛应期所凿新河故迹尚在,地高,河决至昭阳湖不能复东”,故重提当年胡世宁之谏,得到皇帝的赞同后,沿前朝之迹继续开挖。并于明穆宗隆庆元年(公元 1567 年)五月,“新成河,西区旧河三十里”,“新河自留城(沛县境)而北,经马家桥、西柳庄、满家桥、夏镇(今微山县)、杨庄、珠海、利建七闸,至南阳闸合旧河,凡百四十里有奇”。又“引鲇鱼诸泉及薛河、沙河注其中,而设坝于三河之口”,“浚旧河自留城以下,抵境山、茶城五十余里,由此与黄河会”,“筑马家堤三万五千二百八十丈,石堤三十里,遏河之出飞云桥者,趋秦沟以入洪,于是,黄水不东侵,漕道通而沛流断矣”。此新开运道后称“南阳新河”或“夏镇新河”[76][7]。南阳新河开通后,大大保证了漕运的畅通。据隆庆三年(公元 1569 年)翁大立所说:“新河之成胜于旧河者,其利有五:地势稍仰,黄河之难冲,一也;津泉安流,无事堤防,二也;旧河陡峻,今皆无之,三也;泉地既虚,黍稷可艺,四也;舟楫利涉,不烦牵挽,五也。”[78]

隆庆三年,翁大立鉴于南阳新河避黄通运之利提出开泇河以避徐州上下黄河之险的建议。该建议先后因“黄落通漕”和总河刘东星去世一直未能实施。直至万历三十二年(公元 1604 年)才全线通航。泇河“自直河口至李家港二百六十余里,尽避黄河之险”,“运道由此大通”[76]。万历三十二年,就有三分之二的漕船通过泇河北上,到万历三十三年已增达八千余艘,航运效益十分显著。李化龙曾就泇河的优点加以评论:“泇河开,而运不借(黄)河,有水无水听之,善一;以二百六十里

之洳河，避三百三十里之黄河，善二；运不借河，则我为政，得以熟察机宜而治之，善三；估费二十万金，开二百六十里，比朱尚书新河事半功倍，善四；开河必行召募，春荒役兴，麦熟人散，富民不苦赔，穷民得以养，善五。”[78]

综上所述，明代治运策略和思想经过了初期的“避黄兼用黄”到明嘉靖时期全面实施“避黄通运”举措，将元代因应于燕京为都而改新建的京杭大运河带入了成熟期，使南北漕运能力得到了极大提高。清朝继续秉承明朝后期的治运策略，不仅开中运河以尽避黄河之险，而且倾力治理了运河穿黄咽喉的清口，从而使漕运大畅，充分发挥了内河漕运的突出优势，造就了“康乾盛世”之际国库充盈的局面，迎来了京杭大运河的繁盛时期（见图 2–4）。

图 2–4　乾隆南巡图（摘自《京杭大运河图说》）

## 本章小结

本书对京杭大运河在封建社会早期战争背景下各区段分散式出现到中后期统一背景下全线贯通和发展的历史过程进行梳理。通过分析各个典型历史时期的社会人文地理环境（战争时期的战略格局和统一时期的政治经济格局），一方面明确了不同历史时期大运河因应于此的整体布局、景观格局特点及沿革历程；另一方面，通过对不同历史时期运河格局与社会政治经济环境间的关系进行比较，揭示了运河的政治性和历史内涵。

# 第3章　黄河以北华北平原大运河景观格局演变研究

## 3.1　运河开凿前黄河北侧华北平原的河运地理

运河开凿前，黄河以北的华北平原包括黄河以及从燕山山脉和太行山山脉流出的诸河流。东汉末年曹操主持开凿的白沟、平虏渠和泉州渠，深刻改变了黄河与太行山、燕山山脉流出的河流之间的关系，使太行山脉、燕山山脉河流逐渐从以黄河为干流的河网水系发展形成了东流入海的海河水系。这种转变对京杭大运河华北段景观格局的发展演变有着重要的影响。因此，对于运河开凿前华北平原河运地理的研究和理解，是对华北段运河的演变展开研究的重要基础。

### 3.1.1　华北平原运河开凿前黄河河道的变迁

黄河是华北平原上最大的一条河流，同时也是该平原上河道最不稳定，变化最大的河流。黄河从青藏高原流出，途经黄土高原，水势湍急，流至河南孟津以下进入坦荡的华北大平原。在战国中期之前，黄河下游没有堤防，极易改道，呈漫流状态。虽然至战国后期，黄河下游各诸侯国“壅防百川，各以自利”，相继筑堤，具有了相对稳定的河道，但河道变迁亦时有发生。在曹操主持运河开凿前，黄河出现过对后来运河的修建以及海河水系的形成（即太行山与燕山流出的诸多河流间的组合关系）具有深刻影响的三次重大改道[12]。

我国著名历史地理学家谭其骧先生根据《山海经·五藏山经》中的《北次山经》中有关河水的记载，考证出东周之前黄河先后主要有两条河道，依次被称为“山经河”和“禹贡河”。前者沿太行山东侧向北，大致经今河南省武陟东、浚县大伾山之西，内黄西、曲周东、广宗西、巨鹿东、宁晋东、深州东、安平东、蠡县东、高阳西、安新东、霸州南，经今天津入海。禹贡河则是根据另一部我国古代著名地理著作《禹贡》考证出来的[79]。书中有过这样的记载：“禹导河积石，至于龙门，南至于华阴，东至于砥柱，又东至于孟津。东过雒汭，至于大伾，北过降水，至于大陆，入于海。”可见，禹贡河在自孟津至深州的很长一段，都与山经河完全相同，是同一条河道。但至深县以下，这条河道大致是经今东昌北，成平北、青县西和北，在今天的天津南入海。

有史记载的黄河第一次重大改道发生于周定王五年（公元前602年）。根据《汉书·地理志》记载，黄河在黎阳（今浚县）宿胥口决徙，宿胥大河断绝，黄河水全行于漯川。自宿胥口东行漯川，至长寿津（今河南省滑县东北）与漯川分行，东经今滑县大伾山东、濮阳北、内黄东南、清丰北、南乐西北、大名东、馆陶东北折向东行，经高唐东折向北，经德州东、景县东至沧县东南，在天津以南的黄骅附近入海[80]。该河在《汉书·地理志》中又被称为“汉志河”。

黄河的第二次大改道始自汉武帝元光三年（公元前132年），直至汉元封二年（公元前109

年）才稳定下来，形成了“广深与大河等”的黄河支流“屯氏河”。汉武帝元光三年，黄河在瓠子（今河南濮阳西南）决口，大河东南直趋巨野泽（古代全国十大泽泊之一），然后夺泗、淮入海。汉元封二年决口堵合后不久，黄河“复北决于馆陶，分出屯氏河，东北经魏郡、清河（郡）、信都、渤海入海”[81]。也就是说，西汉时期的黄河，是在前文所述“汉志河”的基础上，在今大名县北部从黄河分出屯氏河支流，之后向东北经今馆陶东、临清西、武城西、故城东，复归大河（汉志河）本流[82]。

西汉末年王莽建国三年（公元 11 年），黄河又进入了长达 60 年的动荡期，决口泛滥频发，直到东汉明帝时期，在著名水利专家王景的治理疏导下，黄河终完成了第三次改道，迎来了长达 800 年的安流状态。这条河道位于今天的黄河河道北侧，由今河南荥阳向东北，经今新乡市东、滑县，至今浚县北转向东，再经今濮阳市南，今山东莘县东、高唐县东，在位于今山东高青县东北的古代千乘海口入海[12]。这条黄河河道在相当长的时间里都没有发生大的改道，直至北宋时期才改向北流，复又在今天的天津入海。

综上所述，在华北平原运河开凿前，黄河经历了“山经河”“禹贡河”“汉志河”“屯氏河分流”的转变，并最终稳定为由今濮阳东流至今山东高青县东北入海的“东汉大河”格局。一方面，这一系列黄河河道的变迁所存留的故道为后来运河的开凿提供了相当的基础和便利；另一方面，黄河河道变迁对华北平原诸河流的重构作用为后来运河运行提供了水源保障。

### 3.1.2　太行山山脉流出的河流

太行山山脉是我国东部重要的自然界限，北起北京西山，南达黄河北岸，绵延于晋冀之间。太行山西翼连接山西高原，东翼由中山、低山、丘陵过渡到平原。山西高原的多条河流则经太行山自西而东流入华北平原。自太行山西南端向北流出的主要河流依次有：①自新乡西北部辉县的太行山山地中流出的清水；②从淇县西北部太行山山地中流出的淇水；③从安阳西太行山中流出的洹河；④发源于山西东南山地，流经古代邺城的漳河；⑤发源于山西泰戏山的滹沱河；⑥古称泒水，今其下游段称为猪龙河的沙河；⑦源出河北定县的滱水；⑧发源于河北省涞源县西北太行山麓的拒马河，又称涞水；⑨发源于太行山北段北京西山的永定河（西汉时期，古永定河称为治水；东汉、北魏时期称为㶟水等）。

古代的泒水、滹沱河、漳水、洹水、淇水等河流彼此间并未形成相互连通的水网。在周定王五年黄河改道前这些河流都曾作为黄河的支流，各自汇入黄河转而入海，后由于黄河河道逐渐南迁，则逐渐摆脱了与黄河间的干支流关系，改为各自独立入海。

这些源出太行山的河流水系，由于其下游河道是在大平原上，因此下游河道的变迁较为频繁，如永定河。在三国时期以前，永定河是以今石景山为顶点，在冲积扇上频繁摆动，从北京所在的巨大冲积扇的最北缘逐渐向南迁徙到最南缘。历史早期，永定河在出石景山后，向东北流去，沿今北京城所在的冲积扇的北缘，经今颐和园、圆明园以及北京城北面的清河镇向东流，与燕山山脉的沽水合流。后来，永定河河道逐渐向南移动。在东汉时期，古永定河在出石景山后转向东北，经老山和八宝山之北，过什刹海、北海和中南海，向东南流，称三海大河。到曹操主持开凿运河之前，永定河在出石景山后，大概已转向东南流，经古蓟城之南，至古雍奴县西，与潞水（沽水下游）合为笥沟，至泉州入海。古永定河下游也曾出现过多支分流时期，今通州一带为永定河冲积扇前缘，在冲积扇前缘到与潞河相会之前的河道，常呈分流状态，“清泉无下尾”“所在枝分，更为微津，散漫难寻故

也"[12]。

### 3.1.3 燕山山脉流出的河流

燕山山脉位于中国河北省北部,西起八达岭,东到山海关,大致呈东西走向。华北平原北部自北而南流出的几条重要河流都是源自燕山山脉,主要有:①由北京平谷地区向南流出的泃河;②源出河北省丰宁满族自治县西北的巴彦古尔图山北麓的濡水(今滦河);③由今密云流出山地的鲍丘水(今潮河);④自今顺义东南流出的沽水(今白河)。

在曹操开凿华北平原的运河之前,沽水(今白河)与鲍丘(今潮河)水并未合流。古沽水在今顺义南与灅余水(今称温榆水)汇合后,以下称为潞河。潞河东南行,在古雍奴城西,与古永定河汇合,其下游则改称为笥沟。笥沟再与泒河合流,随之入海。鲍丘水由今密云流出山地后,向南再向东南,入古夏泽(位于今夏店),再向东,接纳由燕山山地南流的泃河,再经今宝坻南和古雍奴城北,东入海,大致沿今蓟运河河道入海。

### 3.1.4 运河开凿前华北平原的水网系统

运河开凿前,华北平原的水网系统主要由黄河、源出燕山山脉自北而南流出的河流(沽水、鲍丘水、泃河、濡水)和源出太行山山脉自西、西南向东、东北流出的河流(清水、淇水、洹水、漳水、滹沱河、泒水、滱水、涞水、永定河)组成。如前所述,黄河河道的变迁,一方面影响了黄河与太行山、燕山流出的各河流间的组合关系,带动了华北平原水网格局的变迁,为后来运河的出现奠定基础;另一方面,黄河改道所遗留下来的故道可为其他河流利用,丰富健全水网。

#### 3.1.4.1 黄河与华北平原诸河流间水网格局的变迁

周定王五年(前602年)黄河改道前,黄河由天津入海(即"山经河"时期),此时大部分源出燕山山脉和太行山山脉的河流是黄河的支流,汇流入黄河后经黄河入海。如太行山山脉的拒马河由今霸州市西南汇入黄河;滱水与泒水合流于今蠡县东北汇入黄河;滹沱河在深州市北侧注入黄河;漳水经临漳北至广平北入黄河;洹水在回隆附近入黄河;淇水由淇门汇入黄河;清水由东屯附近入黄河;燕山山脉的永定、沽水、泃水等亦在天津附近由黄河入海。由此可见,此时沿太行山东侧北流,由浚县直至今天津,斜贯华北平原的黄河拦截了燕山、太行山诸河流,使它们成为黄河的汇水支流,从而形成"众流归一"的水网格局。

而此后,黄河不断向东南方向偏转,入海口自天津南南迁至黄骅(即"禹贡河"和"汉志河"时期),由于河道南徙,从太行山流出的河流中,开始有部分脱离黄河而单独入海(如此时的泒水、滱水、拒马河等)。直至经过西汉60年的动荡期,黄河大南迁,河道稳定在华北平原东南一隅,由更南的古代千乘海口入海。自此除去清水、淇水仍汇流入黄河外,其余河流均不再与黄河连通,诸河彼此互不相通,各自独立分流入海的水网格局逐渐确立。

#### 3.1.4.2 黄河故道的变迁

黄河虽历经多次改道,但"山经河""禹贡河"以及西汉大河"屯氏河"等故道并未淤废,而是成为其他河流河道的一部分而融入华北平原的水网系统中。其中"山经河"和"禹贡河"重合河道的很大一部分以及部分与"山经河"分离的"禹贡河"下游河段,后来均成为漳水的河道[80]。而"山经河"和"禹贡河"重合行经的在古内黄县境内的一段后来则成为"清河"河道[12]。有关清河的记载

最早见于《汉书·地理志》,其源头可能是平地上的泉或潭渊,也可能是位于今浚县的大伾山。后又见记载于《后汉书·袁绍传下》中,“曹操讨谭,军其门,谭夜遁走南皮,临清河而屯。明年正月,急攻之。谭欲出战,军未合而破”。此段描述了建安六年( 公元 201 年 )官渡之战中,曹操追击袁绍之子袁谭,袁谭逃到南皮县在清河之畔安营扎寨,但还是被曹操歼灭的经过。由此记载可知,此时清河已是一条从内黄到南皮流程很长的水系了。清河不仅是利用黄河故道成形的河流,其日后成为华北运河开通后的主要运道,也发挥了重要作用。与清河命运相似的还有屯氏河,屯氏河是西汉时期黄河决口形成的一条支流,宽度和深度几乎与黄河主干河道相等,后又分出支流,称为屯氏别河,屯氏别河又分出张甲河。屯氏别河后来为隋炀帝开凿的永济渠所用,而张甲河则成为清河河道的一段,延长了清河流程。

### 3.1.5　华北平原的湖泊池沼

据《水经注》记载,古代华北平原有众多陂泽、泉水和湖泊,遍布于华北平原自北而南各处。

华北平原的北部是燕山山地山前冲积扇的前缘,这里分布着一系列冲积扇前缘湖沼洼地。如《水经·鲍丘水注》中记载:“鲍丘水又东南入夏泽,泽南纡曲渚十余里,北佩谦泽,眇望无垠也。”[83] 可见,夏泽、谦泽等湖沼洼地分布于此。与燕山山脉冲积扇前缘洼地连成一片的还有古雍奴薮。古雍奴薮位于渤海附近的地壳沉降区,是一片面积广阔的沼泽,其北面抵今宝坻,西北抵今武清县城所在的杨村镇西北和宝坻南面的古雍奴城,南面为滹沱河。如《水经·鲍丘水注》所述:“自是水之南,南极滹沱,西至泉州雍奴,东极于海,谓之雍奴薮。其泽野有九十九淀,枝流条分,往往迳通非惟梁河,鲍丘归海者也。”

大陆泽( 又称巨鹿泽、广阿泽 )是华北平原大大小小平原湖泊中最大的一个,位于华北平原西部太行山河流冲积扇与黄河故道的交汇洼地处,跨今河北省邢台市的隆尧、巨鹿、任县、平乡、南和、宁晋六县,为漳水、泜南诸水所汇,水面辽阔,全长 100 多里,故有“浩渺大陆泽”“汪洋浩荡,望之居然一湖”之称。司马迁在《史记》中记载:“大禹导河,北过洚水,至于大陆。”其中,河即黄河,大陆即大陆泽。

此外,在华北平原的北端,清水和淇水所流经的两侧地区,还分布着许多泽陂和泉水。其中清水在流出山地进入平原后,两侧主要陂泽依次有吴泽陂、安阳陂、卓水陂和百门陂。其中吴泽陂南北长二十里许,东西宽三十里。百门陂也是水域面积很大的湖,“方五百步”。百门陂即今辉县西北的百泉湖,因湖底石隙间有无数泉眼涌水如珠而得名。经历代修凿,今天湖面达 3.4 万平方米,最大流量达每秒 86 立方米[12]。

分布于华北平原的诸陂泽作为重要水源,不仅保障了相关河流及运河水量,而且在华北平原季风气候,降水在一年内分布极不均匀,且年际变化突出的自然环境下,对调节运河水量,防洪调蓄亦起着重要作用。

## 3.2 不同历史时期华北平原上运河的（水系）景观格局

### 3.2.1 运河开凿前华北平原的水网格局

运河开凿前华北平原所具有的水系景观格局是日后运河景观格局形成的起点，为运河景观的形成奠定了基础。如前文所述，运河开凿前华北平原的水系景观格局由黄河、燕山山脉流出的河流和太行山山脉流出的河流构成。以东汉时期，古代著名水利学家王景治理和疏导的东汉黄河为转折点，华北平原水系经历了从“众流归一”到“分流入海”的景观格局的转变。

“众流归一”景观格局以“山经河”时期最为典型，其以黄河为主干，以自南而北包括清水、淇水、洹水、漳水、滹沱河、泒水、滱水、拒马河、㶟水、沽水、鲍丘水等主要河流在内的太行山、燕山山脉河流为支流，汇于黄河，归黄入海。

东汉后，黄河南迁，河道位置远离了太行山东侧。自此，大部分由太行山流出的河流与黄河脱离了干支流关系，其下游河道逐渐延长并独立入海。在“分流入海”的水系景观格局下，黄河、太行山脉水系，燕山山脉水系，彼此互不沟通，华北平原缺少互相沟通的水运网络。

### 3.2.2 三国时期华北平原上运河的水系景观格局

三国时期，曹操主持兴建了白沟渠、平虏渠以及泉州渠，首开华北平原内的人工运道，在华北平原内形成了由人工挖掘的运河和自然河流共同构成的水系景观格局。

该水系景观格局的主干是借助自然河流清河将南端的白沟渠与北端的平虏渠、泉州渠三条人工运渠连接起来，从而实现大平原南北连通。人工渠段之所以成形，充足的水源是其基本条件。白沟渠的水源来自淇水。汉建安九年，“魏武王于水口下大枋木以成堰，遏淇水东入白沟以通漕运”[82]。曹操利用巨大的枋木做成堰，将原先由淇口入黄河的淇水加以拦截，使淇水的一部分流向白沟，另一部分仍流到黄河中去。淇水由今新乡市获嘉县西北太行山地中流出，上游与百泉湖（古称百门陂、苏门陂，是由众多泉水汇流而成的湖，泄水量很大）相接，下游接清水汇入黄河。因此淇水水量充沛，流量很大，虽给枋头的修建带来困难，却可保障白沟渠的供水。白沟渠的贯通不仅简单地实现了淇水与白沟的沟通，更进一步在华北平原南端形成以白沟为主流，以清水、淇水为支流，以百泉湖为源头，与黄河平行运行的水网格局。

白沟东北流至内黄与清河相接。据《汉书·地理志》记载，清河是在内黄县附近利用先秦时期“山经河”和“禹贡河”二河共同的黄河故道行水的自然河流。西汉时期，清河很短，从内黄向东北经魏县和大名，最多可能流至馆陶。但到了东汉，由于黄河南迁改道，西汉时由黄河支流屯氏河分出的张甲河为清河所用，流程向东北方向延伸直至南皮以北[12]。清河沿程得到洹水和漳水汇入，水量大增。在南北连通运渠的中间部分形成以清河为干流，洹水、漳水为支流的水网系统。

清河继续向北为平虏渠。关于平虏渠的位置，史无明确记载。谭其骧先生根据《水经·浊漳水注》中记载有“平舒县西南五十里有参户亭，故县也，世谓之平虏城”，认为平虏渠应与泉州渠因源起泉州县而得名相似，因起自平虏城附近而得名。平虏城即西汉参户县治、东汉参户亭，今青县西南木门店，正是两汉滹沱河流经之地，故由此推断，平虏渠应为南起参户亭侧的滹沱河，北至文安县东注入泒水的渠段[85]。常征先生亦认为，平虏渠“是自青县通达独流镇入泒水的一节运河”。两位

先生还指出，平虏渠的南口并不与清河直接相通，而应该是通过漳水的分支与滹沱河相连，再由滹沱河与平虏渠沟通[12]。《三国志·武帝纪》中“自滹沱凿入泒水”证明了上述观点。换言之，平虏渠是以滹沱河河水为水源，沟通滹沱河与泒水的人工运河。而在平虏渠与清河之间，系漳水北注滹沱河的支流，名曰“濊水”。如《水经注》漳水条所述：“……清河（即漳水或白沟）滹沱之间的濊水，久以本名行世，故郦道元乃录之。”根据常征、于德源所著《中国运河史》，濊水即今日南运河的沧州至青县一段。由上述可知，平虏渠开凿后，源出太行山北部的漳河、滹沱河以及泒水也与贯通华北平原南北的白沟—清河运渠间建立起沟通。

继平虏渠后，曹操将华北人工运道继续向北延伸，开凿了泉州渠。《水经·淇水注》记载：“笥沟东南至泉州县与清河合，自下为派河尾也。又东，泉州渠出焉。”《水经·鲍丘水注》记载：“沟水又南入鲍丘水，鲍丘水又东合泉州渠口，故渎上承滹沱水于泉州县，故以泉州为名。北迳泉州县东，又北迳雍奴县东，西去雍奴故城百二十里。”由此可知，泉州渠最北端的泉州渠口位于泃水汇鲍丘水“泃口”的下游，大致在今天津市西北，宝坻的东南。泉州渠的南端则位于“派河尾”（“派河尾”为太行山北侧诸河汇流后的河段，相当于今海河）上，诸河汇流点之东。泉州渠南接太行山山脉诸河相汇的河段，北连鲍丘水、泃河，实现了太行山北侧诸河与燕山山脉河流间的联系与贯通。

综上所述，曹操开通的白沟、平虏渠与泉州渠经由清河的连接形成横贯华北平原的南北通道，不仅截纳了由太行山流出的淇水、清水、洹水、漳水、滹沱水，使它们在今天的天津与泒水汇聚，而且亦将燕山山脉流出的沽水、鲍丘水沟通起来。郦道元将被清河截纳后的河道统称为清河，泒水的尾端也被称为清河，可见此时华北平原上以白沟—清河—平虏渠—泉州渠为主干，以太行山水系为支流，连接燕山水系的网络格局已形成。

### 3.2.3　隋朝华北平原上运河的水系景观格局

曹操开通的白沟—清河—平虏渠—泉州渠水运网络，为曹操统一北方、曹魏政权的巩固发挥了巨大作用。据史料记载，在随后的晋代和北朝时期，华北地区曾有过数次大规模通航，可见此时该渠仍是重要的水运通道。但由于北魏时期战乱频繁，对该条运河破坏严重且疏于维护管理，加之漳河、滹沱河等支流偶有特大洪水的侵袭，白沟—清河—平虏渠—泉州渠运道至隋前虽还尚能局部通航，但亟须建立其与周围各条河流的联系，提高航运能力。

隋朝的建立标志着我国进入第二次大统一时期，也使运河的修缮成为可能。大业四年（公元 608 年），隋炀帝继在黄河以南主持修建通济渠后，“诏发河北诸郡男女百余万开永济渠，引沁水南达于河，北通涿郡。”[39]

根据《隋书·阎毗传》可知，永济渠的开凿，仅历时一年，之所以能在较短的时间内完成，其主要原因是隋永济渠的开通利用了曹魏时期在华北平原开凿的运道以及古代其他河流在该平原上遗留的故道。如唐代李吉甫撰的《元和郡县图志》的《魏州》“馆陶县”所载：“大河故渎，俗名王莽河，在县东四里。屯氏河，俗名屯河，在县西二里。白沟水，本名白渠，隋炀帝导为永济渠，西去县十里。”《相州》“内黄县”所述：“永济渠，本名白渠，隋炀帝导为永济渠，北去县二百步。”此外，北宋乐史《太平寰宇记》《畿辅通志》等亦记载了永济渠与白沟—清河运河的承继关系：“御河，在清河县东南二十五里，即卫河，汉为屯氏河，隋为永济渠，亦曰御河。发源于河南卫辉府之辉县，至临清合闸下天津，为今运道。大名府下卫河，在魏县东南，经清源，达直沽，水清渠深不为害。”

但事实上，永济渠只是部分河段沿袭了白沟—清河运道和屯氏故渎，不是整个永济渠都承袭了白沟—清河水道，也不是整个屯氏河故道都被永济渠所利用。比较《元和郡县图志》卷十六《魏州》“馆陶县”和《太平寰宇记》卷五十四《魏郡》“馆陶县”的记载，可以清晰地得到上述结论。前者，《元和郡县图志》卷十六《魏州》“馆陶县”载：“大河故渎，俗名王莽河，在县东四里。屯氏河，俗名屯河，在县西二里。白沟水，本名白渠，隋炀帝导为永济渠，西去县十里。”而后者述：“大河故渎，俗名王莽河，东去县四里。屯氏河，俗名毛河，在县西二里。白沟水，炀帝导为永济渠，西去县十里。”根据上述两条记载可知，不仅屯氏河和白沟水被分别记述，而且屯氏河和白沟水相隔八里，前者在东，而后者在西，充分说明屯氏河故道只是部分被永济渠所用[12]。

根据永济渠不同运段的成因，这里将其自北而南分为三个部分。第一部分，南段为自沁水至曹魏开通的白沟；第二部分，中段为自曹魏开通的白沟到今天津；第三部分，北段为自天津到隋代的涿郡郡治蓟城。其中，除第二部分是利用白沟—清河部分运段以及屯氏河的部分河段，其余两部分均为隋朝新开通的运渠，将华北平原的水运系统继续向南向北延伸。

隋炀帝主持修建永济渠，将原白沟—清河运道的南端自淇口沿黄河向西南方向延伸至沁口，与源出山西沁源县霍山的沁水沟通。沁水是黄河下游的支流，在河南沁阳接丹河后转向正东，在武陟附近汇入黄河。沁水与永济渠连通，将其一部分水量导入永济渠，从而与原来的淇水和清水共同成为永济渠的水源，使永济渠内的水量较曹操开通的白沟—清河水运通道的水量大为增加。

永济渠从沁水引出后，向东北方向延伸，与清水的下游河道相接。清水在新乡与淇水合流后，东入白沟。永济渠中段局部沿袭白沟—清河河道前行。自新乡向东北过今卫辉市，又经滑县、浚县，继续东北出，经过今内黄县西部和北部，与洹水相接后再沿东北方向由今天的魏县西部与北部和大名县的西部与北部，至今馆陶县。据《元和郡县图志》卷十六《贝州》“永济县（永济县为唐大历七年由馆陶县分出而置）”下记载：“永济渠，在县西郭内。阔一百七十尺，深二丈四尺。南自汲郡引清、淇二水东北入白沟，穿此县入临清。按汉武帝时，河决馆陶，分为屯氏河，东北经贝州、冀州而入渤海，此渠盖屯氏古渎，隋氏修之，因名永济。”可知，自馆陶始永济渠利用黄河故渎屯氏河一段行水，直至东光后，复归原清河河道。此后，永济渠继续东南行，穿永济县向东北入临清（今临西县），又经今清河县、武城县、故城县东，从今德州市西部流过，向北在东光与漳水一分支合流后东北出经南皮至沧州与漳水另一支流合流继续行过青县，出东北至独流镇与泒水、滹沱水合流至今天津入海，即沿用平虏渠。历史上，独流北和独流东即今独流镇，又称独流口，位于今静海区北 10 千米，这里今天是大清河（史称泒水）、子牙河（滹沱河为其前身）与南运河（永济渠一段）三河汇流处[86]。

独流镇以北为永济渠的北段，对该段的走向有三种说法，亦各有史料为证[87]。其一，认为永济渠出独流口向西，经过冀中洼地的一片塘泊区，至霸州东的信安，向北经永清县西、安次县城东溯桑干河主流至涿郡蓟城西南。此行经路线的根据来自《资治通鉴》中有关周世宗北伐攻取契丹占据幽州军事行动的描述：后周世宗北伐至独流口后即向西行，至淤口关（信安军），然后再到益津关。其二，根据《太平寰宇记》卷六十八《乾宁军》“乾宁县”的有关记载：“从沧州南界流入本军界，东北一百九十里入潮河，合流向东七十里于独流口入海，此水西通淤口，雄、霸等州水路。”有学者推断文中的“其河”是指御河，后面的“此水西通淤口，雄、霸等州水路”的“此水”，则指潮河即相当于现在的海河，并认为从御河到潮河，再由潮河到淤口、霸州和雄州，有一条天然的水道，永济渠正是利用这一段天然水道，从潮河到淤口，然后又从淤口向北过永清县东、安次县东，继续北上与桑干水（又

称漯水 )通向潞水的一条支流相接,流向蓟城。其三,认为永济渠至泉州入海河再西北行,通过疏浚北魏以来已枯竭的潞河( 也称笥沟 ),至雍奴( 今武清 )又沿漯水( 即桑干水,今永定河 ),最后达到涿郡所在的蓟城( 今北京市区西南 )。虽然对于永济渠北端的行水路线尚难以准确定位,但可以确定永定渠至独流口与泒水、滹沱水合流向北至天津,通过潮河( 今海河 )、桑干水达到蓟城,并与燕山山脉流出的潞河、沽水相通。

综上所述,隋朝开通的永济渠在南段将引水口向西南方向延伸,连沁水,增加运道水量,保证通航。在中段,永济渠先后接受清水、淇水、漳水的补给,大体沿袭曹操开凿的白沟—清河—平虏渠水运通道,但在内黄以北较原清河略东,改沿屯氏故渎干流,改走馆陶、临清、德州一线,在德州以北吴桥复归入原清河河道,与泒水、滹沱水汇抵达天津。北段,则巧妙利用了当地的自然条件,借由潮河、潞水及桑干河通达蓟城。

### 3.2.4　唐朝华北平原上运河的水系景观格局

在三部记录了中国唐代全国各地地理沿革的著名典籍即《元和郡县图志》《旧唐书·地理志》《新唐书·地理志》中,有关唐代永济渠上大规模通航事件的描述多次出现。由此可见,永济渠在唐代,作为京师长安与河北地区的交通要道,仍保持畅通,且发挥着重要的漕运功能。

唐代永济渠的主体线路基本沿袭隋朝,但其南端不再与沁水相通,上游仅以清、淇二水为源,由淇水进入黄河以达京师,南接汴渠以通江淮。除此之外,唐朝在隋华北平原水运网络格局的基础上,以永济渠为主干,在其两侧又开凿了数条支线运道,使黄河以北的水运网络更为健全。

贞观二十一年( 公元 647 年 )唐刺史朱潭在河间县开凿了长丰渠:"瀛洲河间郡,河间县,西北百里有长丰渠。"[11] 此渠在河间引滹沱水东北出至平舒( 今大城县 )与永济渠汇。此后,沧州刺史薛大鼎主持疏通了因淤积堵塞而断流的通海河道无棣河,将永济渠与渤海连通。无棣河引鱼盐于海,百姓歌之曰:"新河得通舟楫利,直达沧海鱼盐至。昔日徒行今骋驷,美哉薛公德滂被。"[87] 永徽二年( 公元 651 年 )以及开元年间,唐水利专家姜师度在沧州景城郡清池县附近主持开凿了多条河道,包括西连永济渠东达渤海的毛氏河、阳通河、蕲河和引漳水注渤海的浮河等。唐中宗神龙二年( 公元 706 年 ),唐政权为了加强与军事要地渔阳( 今天津蓟州区 )的联系,姜师度又主持修建了连接鲍丘水下游与今海河,自今天津东部宁河抵达军粮城间的运道,此运道也称为平虏渠[88]。唐武则天久视元年( 公元 700 年 ),对山东北部的马颊河进行了大规模的改造疏浚。《新唐书·地理志》在德州平昌条下记有:"有马颊河,久视元年开,号新河。"马颊河原为分泄黄河洪水入海的一条人工河,到元代又据《渎史方舆纪要》载,此时该河已转而用以"泄运河异涨之水"。

不难看出,唐朝在隋构建的华北平原水运系统的基础上又集中扩展开发了永济渠以东连接渤海,以及永济渠以北连接太行山主要河流的水运运道,从而使黄河以北以永济渠为主干的水网格局得到发展,更为健全、完善。

### 3.2.5　北宋华北平原上运河的水系景观格局

北宋是华北平原运河处境最为动荡的时期。这期间不仅黄河频繁决徙北流,夺占运河河道,使御河( 永济渠在宋代称为御河 )的水文地理条件发生了很大变化,而且人文地理亦十分复杂,表现为汉族建立的北宋、契丹族建立的辽王朝以及女真族建立的金政权在华北及东北地区割据对峙。

如本书 2.3 节所述，北宋政府吸取唐朝因“安史之乱”导致亡国的教训，始终贯彻“守内虚外”的政策方针。定都大梁后，将以大梁为中心的四条运河即汴渠、黄河、惠民河和广济河视为国家漕运之根本，把御河排在四条重要通漕河道之外，故而未对华北平原运河水系进行改建修缮，仅以疏浚为主，基本上利用前朝运河，南由卫河，北经大名、德州、南皮、沧县至天津。

北宋时期，御河北端至北宋与辽政权的分界线，即今雄县、霸州市至天津及海河一线，大体相当于今大清河及海河一线，故北宋时海河亦称界河。界河以北的辽政权以上京临潢府（今内蒙古巴林左旗）为都，故前朝海河以北的永济渠北段逐渐湮灭。而在界河以南，北宋王朝引水于流经边境地带的诸河流，在沿边地带形成横贯东西的一系列洼淀，形成所谓的限敌“塘泊”“屯田防线”。该防线，西起保州（今清苑）的边吴淀，东经雄州、霸州至沧州泥沽海口，“绵亘七州军，屈曲九百里，深不可以舟行，浅不可以徒涉”[89]。而御河南端不以隋朝沁水为源，改以卫州共城县百门泉为源。如《宋史·河渠志》“御河”所载：“御河源出卫州共城县百门泉，自通利、乾宁入界河，达于海。”百门泉又称百泉湖，位于今新乡市辉县县城西北。改源头百门泉后，御河与黄河不再沟通。江、淮船只向河北边境运输物资时，只能先将船上货物卸在御河与黄河距离很近的几处，如卫州、黎阳、大名等，经一段陆路运输再装载在船上，循御河运送到河北边境地带。

北宋时期，黄河决徙北流是造成运河水网格局发生重大改变的决定因素。庆历八年（公元 1048 年），位于澶州（今河南濮阳）的商胡埽决，河水改道北流，从内黄至大名东穿过御河后，经馆陶西、平恩（今商丘西）、宗城（今威县）、恩州（今清河西北）西、南宫、枣强、冀州（今冀州市）、衡水、深州、武强、瀛洲（今河间），至乾宁军（今青县）合御河到天津汇界河入海。这条改道的黄河，宋人称为“北流”。而御河自大名到青县的一段实际上也为黄河所侵，成为黄河的行水之道，黄河北夺运河入海的局面形成。十二年后即宋仁宗嘉祐五年（公元 1060 年），北流黄河又在大名东南的第六埽决口，东出一支经堂邑、夏津、平原，循今马颊河至无棣河入海的黄河“东流”，又称二股河[15]。

面对“两河夹运”格局的形成，北宋朝廷上自皇帝下及群臣，对黄河夺运入海后的黄运关系展开了激烈争论，对黄河的治理形成了“保持北流”和“堵北流回河沿故道东流入海”两派意见。如都水监奏：“庆历八年，商胡北流，于今二十余年，自澶州下至乾宁军，创堤千有余里，公私劳扰。近岁冀州而下，河道梗涩，致上下埽岸屡危。今枣强抹岸，冲夺故道，虽创新堤，终非久计。愿相六塔旧口，并二股河导使东流，徐塞北流。”而提举河渠王亚等谓：“黄、御河带北行入独流东砦，经乾宁军、沧州等八砦边界，直入大海。其近海口阔六七百步，深八九丈，三女砦以西阔三四百步，深五六丈。其势愈深，其流愈猛，天所以限契丹。议者欲再开二股，渐闭北流，此乃未尝目睹黄河在界河东流之利也。”[90] 可见，都水监主张塞北流，让黄河回归东流，以改善冀州以北地区河道淤积难行的问题；而王亚等人则主张维持黄河北流形成天险以防御契丹。两派意见相争，虽以前者占上风为果，“熙宁二年，二股河北流今已闭塞，御河由冀州下流”[91]，但两年后黄河又决，“熙宁四年七月辛卯，北京新堤第四、第五埽决，漂溺馆陶、永济、清阳以北，遣茂则乘驿相视”[91]，复归北流。在黄河自商胡改道以来的七、八十年间，北宋王朝虽三次塞北流，使大河回归东流，但又以三次复归北流而告终。在黄河北流与南流相互交替行水的压力下，御河漕运时断时续。

综上所述，黄河告别了稳定行水长达 800 年的东汉河道，自北宋起频繁决徙，夺御入海，华北平原水运格局进入动荡期，并最终以黄河北、东两流夹运而行成为北宋时期华北平原运河水网格局的主旋律。

# 3.3　华北平原运河景观空间结构演变的定量分析与研究

文化地理学认为“文化景观是任何特定时间内形成一地基本特征的自然和人文因素的复合体，文化景观反映了人类文化与自然环境相互影响、相互作用的关系和结果”[92]。京杭大运河作为历史遗存是河流、地形、气候、政治、经济、文化以及技术等多方面多种因素长期作用、积淀而形成的典型文化景观遗产之一。一方面，其历经数朝，目睹了我国政治、社会的起伏更迭及价值观念的不断转变，具有明显的时间表象；另一方面，其连接了我国南北两地，横跨海河、黄河、淮河、长江、钱塘江五大水系，具有复杂的景观空间格局。运河景观的形成与演变过程伴随着重大的自然地理变化和社会文化变革，因此其空间格局作为物质化载体也相应地反映出自然地理环境的诸多改变，记录下重大的社会转型或社会过程。自然地理环境作为运河景观形成和演变的基底，不仅决定了该景观的形态结构，而且也深刻影响着生活在运河流域及周边区域内人们的价值观念、行为方式、传统习俗等；社会文化背景则作为决定运河景观变迁发展的潜在动力，赋予了其发展演变的文化特征和内涵。

因此，对京杭大运河景观资源的保护研究不应仅停留在对运河及周边区域景观现象的表层归纳与描述上，而是应该透过表象化的网络格局，格外关注地域环境、社会文化、政治经济等对于运河景观的整体塑造与重构作用，加强对于运河景观的解释学思考，如分析某个景观的变化过程：为什么会发生变化；在这个过程中，哪些要素促成了这样的改变；这个过程体现了各要素间怎样的力量关系，最终呈现的结果是什么等。

基于上述思想，本书分区段对京杭大运河景观遗产的核心载体——空间形态进行基于自然环境与社会背景的分析与解读，以定量描述运河景观的空间格局、空间演变为切入点，探讨自然地理环境与社会文化现象间的人地关系，分析人地因素“双向影响”对于运河景观内涵、特征的塑造作用，以此掌握京杭大运河景观发展的历史轨迹及影响其兴衰的关键要素，使对运河景观遗产的理解更具科学性和系统性。相信该研究方法既可促使运河景观遗产保护研究的深入化和实质化，又将极大地有助于城市规划师、景观设计师从宏观层面上对运河景观发展演替的空间载体、景观形成发展的自然环境之本、地域文化之源予以充分理解、恰当保护以及适度创新。

## 3.3.1　河流廊道景观空间结构度量的原理与方法及其对京杭大运河的适用性

### 1. 河流廊道景观空间结构度量的原理与方法

景观生态学（landscape ecology）强调空间格局，其可以简单地表述为研究景观结构、功能和变化；进一步解释为研究景观要素的类型组成、空间配置及其与生态学过程的相互作用。另外，将人类活动与生态系统结构和功能相整合也是景观生态学的重要学科特点和研究优势（Risser等，1984；Pickett和Cadenasso，1995；Wu和Hobbs，2007a，b）。

廊道景观空间结构度量方法是景观生态学中针对廊道与网络景观的分析方法，即将城市中诸如河流水系、绿道等具有典型网络格局的形态化景观廊道系统，通过数值计算的方法转换成能够清晰表征网络格局特征的可度量指标，从而实现通过比较和分析景观格局，评判并揭示廊道景观中各要素间作用机制的目标，为廊道景观的合理规划和保护提出科学的指导性建议。该研究方法因尤其重视景观系统的结构和功能、景观的动态变化、景观要素间的相互作用机制、景观的合理利用等问题，目前在美国、加拿大、荷兰等国家的绿地系统规划、流域管理研究等方面已受到广泛重视。

其中，河流廊道空间结构特征度量分析指标是适用于水系景观研究分析的一套度量指标。其作为高度概括的水系景观格局信息，是反映水系廊道景观结构组成和空间配置特征的简单量化指标，主要包括廊道的长度和宽度、廊道的曲度、廊道的连通性、廊道的宽长比、廊道的周长面积比、廊道的密度指数、廊道的非均匀度和间断等[93-95]。长度与宽度指标是表征河流廊道线性特征的基本指标，与河流的规模大小直接相关。其中长度指标多用以判断廊道与背景基质接触的程度，宽度指标可表征廊道对四周基质的干扰程度和对动植物的阻隔程度。宽度效应对河流廊道的性质具有明显的控制作用。曲度即指廊道的弯曲程度，它对河流的稳定性作用明显。该指标可通过两点间的实际河道长度与直线距离之比得到。弯曲的河道与自然或人工取直的河道其所具有的岸线侵蚀能力、航运能力等方面的影响明显不同。连通度指标是指廊道空间的连续程度。廊道有无断开是确定其通道和屏障功能效率的重要因素，可用廊道单位长度上间断点的数量来表示。该指标与河流廊道功能的发挥有重要关系，是廊道结构的重要度量指标。周长面积比是判断廊道形状的指标，与景观中其他类型的非基质要素相比，河流廊道往往具有较大的周长面积比。密度指数是指景观在所选定研究范围内单位面积的长度，用以描述廊道的疏密程度。不难看出，在上述指标中，连通度相比其他类型指标，因其以水系网络整体结构为研究对象而成为高度浓缩网络景观格局的信息。而如长度、宽度、弯曲度等指标则更适用于对单一独立廊道的评价和分析中。

**2. 河流廊道景观空间结构度量方法对京杭大运河研究的适用性**

京杭大运河是以运河河道本身、相关水系支流为廊道，以与运河毗邻的湖泊和湿地及城镇为斑块，以周边大面积农田为基质，构成的区域尺度上的廊道景观生态系统，是一个独特的、有着广泛影响的半自然生态系统[96]，其通过长期的能量、物质、信息的流动和循环，具备了一定的生态调节能力。由此可见，京杭大运河的景观空间格局因包含了运河本身及与运河相关的其他河湖水系、池藻农田等而成为运河所处自然地理环境高度浓缩的物质化载体，网络结构特征典型突出，具有明显的可度量性，属于景观生态学中河流廊道景观空间结构度量研究方法的适用范围。

### 3.3.2 华北平原运河景观空间结构演变的定量分析与研究

在 3.2 节中，笔者已通过挖掘史料方志中的记载和描述，分别提取了自东汉明帝（公元 70 年）直至南宋高宗建炎二年（公元 1128 年），即自东汉黄河经王景治理形成稳定河道直至南宋伊始黄河改道向东南夺淮河河道入海期间，华北平原运河系统在各典型历史时期内形态化的水系景观格局。不难看出，华北平原内的运河依靠人工开凿和故道再利用两种手段将其与区内的燕山山脉水系和太行山山脉水系连接起来，获得水源，并形成纵横交错、彼此关联的水运网络系统，整体性突出。鉴于河流景观连通度指标在表征网状空间连续程度方面优势明显，且与廊道景观生态系统的功能发挥及发展有着重要关系，因此，在对华北平原运河系统的研究中本节选取该指标作为描述运河景观格局变化的表征指标。

**1. 连通度指标的景观生态学意义及计算**

景观连通度指数（$\gamma$）是指廊道景观的空间连续程度，它可以用实际连接数与最大可能连接数的比值来表示[93-95]。

即：

$$\gamma=L/L_{max}$$

式中：$L$ 为实际连接线数目；$L_{max}$ 为最大可能连接线数目。

通常，$\gamma$ 采用下式计算：

$$\gamma=L/[3(V-2)](V\geqslant 3,V\in N)$$

式中：$V$ 为节点个数；河流廊道相互交叉，交叉点即为节点。

$\gamma$ 指数的取值范围从 0.0 到 1.0，0.0 表示各节点之间互不连接，1.0 表示每个节点都与其他节点相关联，该指数越大表明网络的连接度越好[93][94]。

**2. 华北平原运河景观空间结构的演变趋势及内因分析**

从图 3–1 中可以看出，自三国时期开始华北平原运河的水系景观连通度值从东汉明帝（公元 70 年）时期的 0.29 持续稳步提高，经过曹魏时期的 0.35、隋朝的 0.36，至唐朝达到最大值 0.39，较运河开凿前华北平原的水网格局提高了 34.5%。但在北宋时期，则呈现出明显的下降趋势，连通度指数降至 0.30。

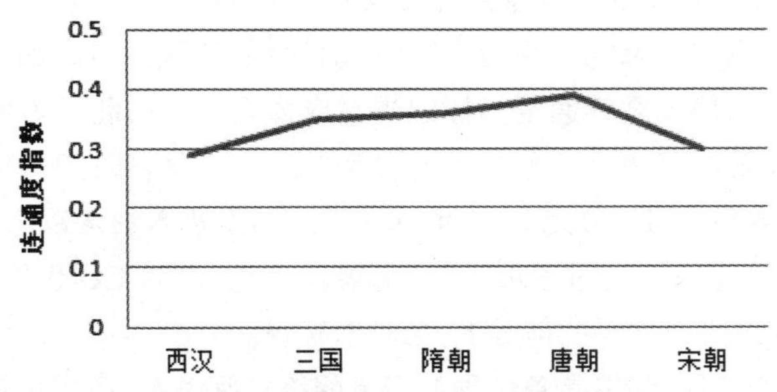


**图 3–1 华北平原运河水系连通度变化趋势图**

《吕氏春秋》称天下九塞。“井陉、居庸皆在河北，则河北形势之险要盖可知矣。且太行屏其西，渤海环其东，黄河带其南，长城障其北，锦绣平原，沃野千里，工农既盛，煤盐亦富。所谓幽燕之地，形势雄伟，南控江淮、北接朔漠，据神州之脊，控华夏之防者，良有以也。”无论是三国时期曹操意欲先占领冀州进而实现其统一全国的战略，还是隋唐以关东为国家政治中心，常感河北有鞭长莫及的缺陷，而在河北并州分设直属于长安中央政权的派出机关行台省，以及北宋在华北实行“屯田防线”抵御契丹和女真，都表现出华北平原在国家安全战略上的重要地位。华北平原的运河也正是在各代政权需向涿郡、蓟州前线输送兵力粮草，抵御外族的压力和需求下修建的。由此可见，华北地区始终是全国的战略枢纽、兵家必争之地，在北宋灭亡前全区的人文地理环境基本未发生改变。因此，华北平原运河景观格局在从先秦到北宋期间变迁的主要原因应归结于不同时期运河与周围自然条件间相互关系和作用机制的变化。

三国时期曹操主持开凿华北运河前，华北平原呈现“分流入海”的水网格局。流经华北平原大部的太行山山脉水系分三路自西向东流入海，最南端的漳水与清水合流在今黄骅以南入海，中部的滹沱河在今天津以南青县以北入海，而泒水、拒马河与滱水合流在今天津入海。燕山山脉水系主要集中于华北平原北部，自北而南流，至今天津汇入渤海，未及华北大部平原。此时，在华北平原，虽有上述诸河流过，亦可谓水网密集，但彼此间互不沟通，区内通航难以实现。

三国时期曹操主持开凿了白沟、平虏渠、泉州渠后，华北平原运河水网形成并初具规模，形成了

以“白沟—清河—平虏渠—泉州渠”为主干，贯穿该区南北，于西侧截留太行山山脉水系作为水源的网络格局，从而在一定程度上建立起华北平原内诸水系间的联系，景观连通度有所提高。该景观格局的形成应归功于两个关键点：其一，巧妙地利用了河流间的空间关系；其二，运河水源的保障体系。

如前文所述，黄河在东汉形成稳定河道前，先后经过了“山经河”“禹贡河”以及“汉志河”等三个主要时期，其间华北平原的水网格局呈“众流归一”局面，黄河河道与太行山山脉水系相交，纵贯华北平原。经东汉王景治理和疏导后黄河南迁，虽新黄河一改原先其与太行山诸流间相交的空间组合关系，但山经河和禹贡河时期的黄河故渎遗留在华北平原，如山经河和禹贡河自孟津以北的河道、汉志河在馆陶与东光间的黄河支流张甲河等，为之后运河的利用和开凿创造了有利条件。曹操正是注意到山经禹贡河故道局部、清河以及汉志河屯氏河分支故道可贯通成线，从而继承上述故渎与太行山诸水系间相交的空间组合关系，具备效仿“众流归一”格局的条件，于是在已经干涸了的山经河和禹贡河自孟津至内黄重合行经的河道的基础上开凿了白沟，使之与清河连通，清河则局部利用张家河故道将河道自之前的馆陶延伸至南皮成为一条很长的河流，并进一步开凿平虏渠，从此在华北平原上构造了以“白沟—清河—平虏渠”为南北纵线，串联太行山西东横向水系，纵横交错，彼此关联的水系景观格局，使景观连通度指标的提高成为可能。如此巧妙地利用河流间的空间关系和故渎旧道也很好地解释了曹操“遏淇水入白沟”工程在很短时间内完成的原因。据《三国志·魏书·武帝纪》记载，建安九年（公元204年）春正月“遏淇水入白沟以通粮道”，二月，曹操便利用袁尚与袁谭两兄弟间的斗争，“进军洹水”进攻邺城。可见，白沟工程仅历时一个月，若没有合理利用现状条件，在当时的生产力水平的前提下，恐难以实现。

曹魏运河景观格局的成形，除需具备合理的河流网络空间关系，还需足够的水源充盈该网络系统。枋头水利枢纽的修建保证了运河上游水源的供应。根据《水经·淇水注》所引诗人卢谌对此工程的描写“后背洪枋巨堰，深渠高堤者也”，曹操利用巨大的木枋修筑高大的堰于淇水上，拦截一部分淇水经白沟流至内黄与清河相接，形成以白沟为主干，淇水作为支流充当水源的格局。淇水是由今新乡市获嘉县西北太行山地中流出的一条很大的河流，其上游有百泉湖，古称百门陂、苏门陂，该陂由众多泉水汇流而成，由此可知淇水流量很大，可保证白沟的水源供应。整个华北平原水运系统除在源头得到淇水水源供应外，沿途因先后与漳水、滹沱水、泒水相接，运河中段的水量亦可得到及时补充。

三国时期华北平原运河景观格局构建中合理的河流空间关系与运河水源的保障系统二者相辅相成，前者是寻源引水的前提和物质基础，而后者则是使运河水系稳定持续运行的必要条件，彼此互相依存共同促使该时期华北平原运河景观连通度的提高。

此后的西晋南北朝，白沟—清河运道虽继续利用，但未见修治记载。元魏时，漳涯等处曾为水运置仓库，并有修治北方河渠的议论，但实际未做多少工作，直至隋代开通永济渠，华北运道才又一次进行了改道修浚。

隋朝在华北平原开通的永济渠基本沿袭了三国时期华北平原以人工运河为主干，自然河流为支流提供水源的景观格局，但在运河的源头做了明显修改。隋炀帝将曹操开通的白沟的南端向西南方向延伸至武陟，与沁水相通。自此，永济渠南端的供水支流增至三个，自南而北分别是沁水、清水和淇水，使永济渠的水量较前朝大为增加。不仅如此，南端延长至武陟的永济渠经过沁水在沁口

与黄河相连，而沁口与黄河以南通济渠入黄河的通济渠口距离很近，通济渠口到沁口的距离相比于到三国时期连接白沟与黄河淇口的距离明显减少，大大缩短了漕船在黄河中航行的距离，从永济渠到通济渠只要穿过黄河就可以了，使南北航运更为顺畅。但隋朝引沁水为永济渠水源的做法仅是对前朝白沟的局部改进，并未在整体上改变三国时期就已形成的华北平原运河景观格局，因此景观连通度指标基本保持原状。

永济渠在唐代，是京师长安与河北联系的交通要道，因此唐朝对其进行了一系列的综合治理，使华北平原运河的景观连通度得到明显提高，进入全盛局面。概括起来，唐朝运河景观格局的改善归因于三个方面，其一，开挖减河分洪入海；其二；发展支线航运；其三，利用大量淀泊滞洪。

自贞观二十一年（公元 647 年）起，唐朝在继承隋朝华北平原运河水网格局的基础上，以“导永济渠之涨异”为核心治运思想，先后在永济渠东侧，地势特别低洼的天津沧州一代，开挖了数条以分洪入海为目的，西连永济渠东入渤海的减河，主要的有无棣河、蕲河、阳通河、浮河以及毛河。据《新唐书·杜中立传》载，唐宣宗大中三十年（公元 859 年）鲁北大水，运河涨溢，沧州告急。经“引御水入之毛河，东注于海，（沧）州无水灾”。可见，减河的开挖对运河航运系统防洪和维护运道起到了重要作用。相比前朝对运河网络系统的构建单一着眼于水源与运河的贯通，唐朝合理利用地形为运河网络系统增补洪患控制功能是一个突出的进步，也极大地促使了华北运河景观格局的发展和完善。特别是在太行山奔流东注的大小河水水量极不稳定的现实条件下，这种以永济渠为主干，以运河西侧太行山水系为支流保证供水，以运河东侧人工开挖的减河为泄水通道防洪的景观格局不仅更为健全和完善，而且极大地保障了系统功能的有效发挥。

此外，唐朝在保持永济渠主干地位的同时又开辟的一些通往产粮区和盐业基地的支线航道，不仅将运河、太行山水系、燕山水系间更紧密地联系起来，而且使华北运河网络格局具备更多层级，为通航路线提供更多选择。如唐玄宗开元二十五年（公元 737 年）在河间与舒平间开凿的长丰渠，使永济渠与滹沱河在河间、静海两地均实现连通。而从漳水到滹沱河既可从长芦入永济渠到静海进入滹沱河，也可在衡水入新汶水，再通过新开的太白渠进入滹沱河。唐中宗神龙二年（公元 706 年）在今宁河附近开凿的平虏渠将鲍丘水系与桑干河水系（今永定河）连接。可见，唐代支线航运的开通在前朝华北平原大的运河网络格局内部形成了若干局部环路。这不仅对区域水系景观连通度提高具有一定作用，更进一步扩大了唐朝永济渠沿线经济腹地的规模。

淀泊滞洪是唐朝治理华北运河的又一项重要举措，亦对运河格局产生一定的积极影响。在华北平原运河水网格局形成后，由于太行山东注河流时而受到运河的阻拦而宣泄不畅，溢出河槽，慢慢地便在低洼处形成了许多淀泊。根据《元和郡县制》所载，唐朝华北平原内方圆在三十至八十里的大淀泊就有近十个，主要有莫县一带的“九十九淀”（今白洋淀的前身），相州（今安阳）的鸬鹚陂、定州（今定县）的阳城淀、天井泽以及深州（今深州市）的大陆泽等。唐代通过局部开挖小支流将这些淀泊串联在河网系统中，不仅使华北运河以河流廊道发挥连通航运功能，以湖泊斑块发挥水量调节的系统化网络格局得以建立，更得到防洪蓄滞的保障，且兼收灌溉、渔副业之利。综上所述，唐朝所采取的以上三项措施，不仅极大地完善了华北平原运河的水系景观格局，使其连通度的提高成为必然，而且在华北平原运河沿线的局部塑造出河渠纵横，水运密集的景观风貌。

北宋定都汴梁，将以汴梁为中心的四条运河即汴渠、黄河、惠民河和广济河视为国家漕运之根本，把御河排在四条重要通漕河道之外，故而未对华北平原运河水系进行明显的改动，基本沿袭前朝运河的景观格局。但宋仁宗庆历八年（公元 1048 年）黄河大决于澶州（今河南濮阳）商胡埽，改道北流，御河（今隋朝永济渠）则分别在内黄至大名以及乾宁军至天津两段被黄河所占。十二年后，北流大河再次于大名东南的第六埽决口，形成东流。自此，“黄河夺运，两河夹运”的景观格局形成。北宋时期是黄河的动荡期，水急浪高，沿线决口频发，两岸土地被淹严重。正如元祐二年（公元 1087 年），右司谏王觌在历数黄河之害时言：“今河之为患三：泛滥渟潴，漫无涯涘，吞食民田，未见穷已，一也；缘边漕运，独赖御河，今御河淤淀，转输艰梗，二也；塘泊设之，以限南北，浊水所经，即为平陆，三也。”[97] 在这种局面下，穿夺御河的黄河将华北平原运河水网格局分成四组，即御河黎阳至大名段与淇水、洹水组成的一组，漳水与其支流组成的一组，滹沱水、泒水组成的一组以及燕山山脉水系一组。上述四组水系经黄河串联，但因黄河艰涩难行，且泛滥严重，而成为难以互通往来，相对独立的四部分。该时期华北平原运河景观连通度的明显下降正是黄河将前朝积累的相对完整的水网格局分成彼此独立四部分的直接表现（见图 3–2）。

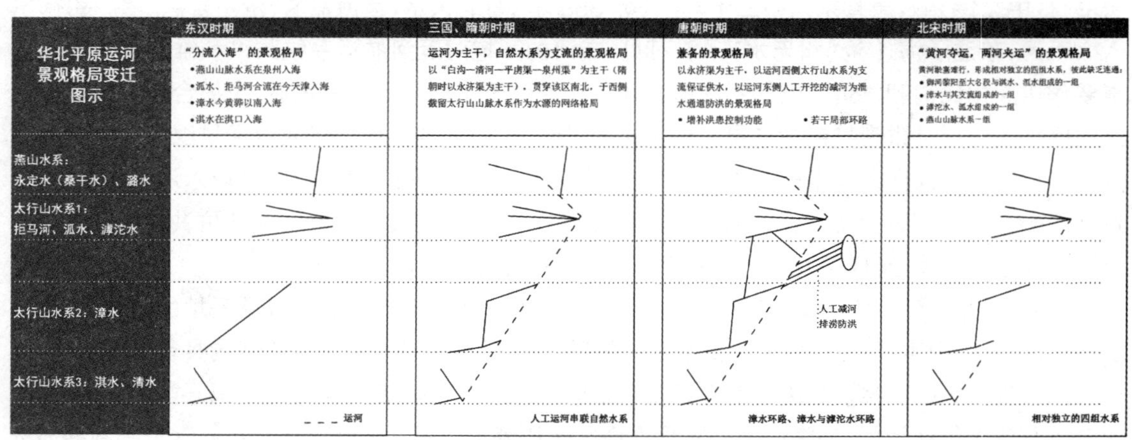


**图 3–2　华北平原运河景观格局变迁图示**

靖康元年（公元 1126 年），北宋灭亡。南宋高宗建炎二年（公元 1128 年），宋朝为了防止金兵南下，在李固渡（位于今滑县西南）决开黄河。黄河从这里向东南奔流，直趋今菏泽地区，夺占了泗水河道和淮河河道，开始了黄河长达 727 年向东南夺淮河入黄海的历史。与此同时，华北地区的人文地理亦发生了重大改变，自金开始及之后的元明清三朝一改以关中为政治中心的战略格局，定都燕京。在华北平原的人文地理环境和水文地理条件都发生显著变化后，元朝起御河进入了新的历史阶段：原御河临清以南渠段因全国政治经济格局自东西格局改为南北格局而失去航运价值最终淤废，而临清以北河段为保证南来物资运至京都逐渐得到恢复，并转而与新局面下元代新开通的会通河、济州河相接，实现南北贯通。需要特别指出的是，元朝开通的会通河和济州河虽均位于南宋改道入淮黄河的北侧，但因其实质上是依靠黄淮平原上的汶泗水系而形成的，故在本章中不予论述，将在第 4 章予以详细分析。

## 本章小结

综上所述，笔者在对运河开凿前黄河以北平原河运地理进行分析，特别是有关黄河与太行山、燕山山脉空间关系研究的基础上，对三国至北宋时期华北平原运河的选址和布局进行了深入的梳理与研究，并获得以下两方面结论：其一，通过对三国时期白沟、平虏渠、泉州渠流经路线进行挖掘，厘清了北宋前华北平原内三条黄河干流故道与运河水网间的密切关系，并揭示了其中所隐含的因承关系。这种因承关系不仅表现为运道对黄河故道的再利用，更为重要的是在运河水网系统构建中对运河开凿前黄河与太行山、燕山水系在空间上所呈现的“众流归一”空间关系的借鉴和因承。说明这不仅使华北平原运河水网在较快的时间内形成，节省了大量物力人力，而且保证了华北运河网络格局的合理性；其二，明确了华北平原运河以运道西侧自然河流为源，在运道东侧人工开挖平行入海减水河的景观格局，强调了唐时所开的数条减水河对于华北平原运河系统在功能及景观风貌两方面的重要作用。

# 第4章　王朝时期黄淮平原大运河景观格局的演变研究

## 4.1　黄淮平原的河运地理

黄淮平原内水系纵横，对区内自然水文环境的了解和掌握是探讨黄淮平原运河系统景观格局变迁的基础。在这一平原上的主要水系如下。

**1. 济水**

济水是古代黄河下游的一条支流。据《水经·济水注》，其首自今河南省荥阳市北荥口石门处分河水东流，是为荥渎，注入荥泽；自荥泽出后分为南济、北济两支，向东北流经今原阳县南、封丘县北，再东流至今山东省定陶区汇入古菏泽；继而向东北注入古巨野泽（在今山东省巨野县境）；出泽后有发源于泰山东麓之汶水汇入；又向东北沿今之黄河下游河道流至今济南市，过济阳县后即经今之小清河注入渤海[98]。

受气候变化及地貌变迁影响，济水在东汉王莽时出现旱塞，唐高宗时又通而复枯。此后，黄河多次改道南侵，逐渐夺占济水河床而入海。现黄河下游地段以及大清河、小清河均为原济水故道。

**2. 泗水水系**

据《水经·泗水注》记载，泗水发源于卞县（今泗水县东）东陪尾山，西流经今泗水县北、曲阜市北、兖州区东，折西南贯穿今南阳湖；经高平县（故址在今微山县西北两城镇）西、方与县（今鱼台县西南鱼城镇）东、湖陆县（今鱼台县东南、昭阳湖西岸）南、沛县（今沛县）东，自北而南有洙水（下游即今府河）、沂水（今沂河）、菏水（大致今万福河）、南梁水（今荆河）、郭水（今郭河）、丰水（约今丰沛运河）相次注入。泗水又南流至彭城（今徐州市）北与自开封西来之汴水相汇，又向东南经今宿迁等地入淮。

**3. 汶水水系**

汶水即今大汶河。据《水经·汶水注》记载，汶水有数源，俱发源于莱芜县的原山，西流至刚县（今宁阳县东北堽城镇）西，分出一条洸河，西南流至任城县（今济宁市）与洙水汇合。汶水自刚县再西南流，至桃乡分成四股，其中二股大体上平行向西南流，大致即今汶河，至汶上县西南二股合而为一，向西南注入茂都淀；西流一股，至寿张古城（今东平县西南，现已流入东平湖中）东，汇为渚泽；北面一股汶水西流走今大清河，又向西南至今梁山南注入济水。

**4. 淮河水系**

淮水发源于今河南省西南部之桐柏山区。在南宋建炎二年（公元1128年），宋王朝为阻止金兵南下，在滑州李固渡（今河南省滑县西南沙店集）西人工决口，导致黄河由泗水入淮。在此之前的独流入海时期，据《水经·淮水注》所载，其干流之流经路线东经新息县（今河南省息县）南、期思

县( 今固始县 )北，又东北过原鹿县( 今安徽省阜南县 )南、安风县( 今霍邱县西 )东北，又东经寿春县( 今寿县 )西北与当涂( 今蚌埠市西 )、钟离( 今凤阳县东 )二县北，又东经徐县( 今江苏省泗洪县南 )、盱眙县故城( 今泗洪县东南 )南，又东北经淮阳县( 今淮安市区 )西、北、东至广陵淮浦县( 今涟水县涟城镇 )入海。淮河干流的这条流路，在中上游与现在的河道大体一致，但自今之江苏省盱眙县起之下游则完全不同。今之淮河下游河道，自盱眙县起，穿过明代后期形成的洪泽湖，东北经今淮安市区，再沿废黄河河道注入黄海[98]。

淮水支流众多，尤其是淮水北岸。《水经·淮水注》中记载了大大小小支流十九条之多。而淮水南岸，则因紧靠山地丘陵，平原狭小，故河流流程短促。淮水的主要支流如下。

( 1 )西出鲁阳县之大盂山黄柏谷至原鹿县( 今安徽省阜阳市阜南县 )，东南迳县故城西南入于淮的汝水[99]。汝水途中先后有昆水、潕水、溱水、澺水、醴水等十多条支流汇入。

( 2 )位于汝水东的颍水。颍水发源于少室山，即嵩山南麓至正阳关北入淮水。颍水在其流程中先后有溴水、洧水汇入。其中洧水在汇入颍水前还接纳了潧水，也可谓支脉众多。

需要指出的是，黄河自然是黄淮平原的重要河流，且因其河道多迁徙而与该地区内其他河流关系密切。但因笔者已在第 3 章中就黄河河道的变迁进行了叙述，这里就不再赘述。

## 4.2　人文地理环境巨大变迁下黄淮平原运河景观格局的演变及分析

自夏商周直至清朝的 5 000 多年历史中，我国古代以国都为标志的政治中心经历了三个阶段的流转。第一个阶段，自夏商周三代都城的频繁迁徙到秦汉统一天下定都关中；第二个阶段，自隋唐两朝以长安为国都，洛阳为陪都的两都制到北宋定都关东( 即黄淮地区 )；第三个阶段，元明清三朝定都华北。第一与第二阶段间是三国魏晋南北朝分裂期政治中心由西向东的过渡阶段。第二与第三阶段间是南宋、辽、西夏与金动荡期政治中心由关东经历短暂的南移最终转向华北的过渡阶段。其间，以唐末为转折点全国的经济中心完成了从北向南的转移。如冀朝鼎所说："公共水利事业发展的进程在很大程度上取决于统治集团加强国家控制的政治目的，而要有效达到这一目的，就要着重于国家的经济重心这一特定地区发展水利工程，多以开凿运河和改进灌溉为主要形式。"[100] 因此，在我国古代封建社会，运河作为维系封建王朝政治统治的重要工具之一，其命运必然随着古代国家政治经济格局的变迁而发生改变。由于黄淮平原西北依关中，东北临华北，东南接江淮，恰好居于我国中东部，因此该区域内的运河系统伴随国家政治经济形势的变迁在宏观格局上的变化表现得尤为突出。不仅如此，在上述三个阶段中，黄淮地区自身在国家政治经济格局中所扮演角色的改变也相应地导致在区域尺度上运河的景观格局呈现出明显差异。因此在本章中，笔者将按照上述三个阶段，分别在宏观尺度和区域尺度，从全国政治经济格局变迁和黄淮平原自身地位转变两个层面对黄淮地区运河景观格局的演变进行深入的阐述。

### 4.2.1 秦汉东西政治经济格局与黄淮运河的景观格局

#### 4.2.1.1 秦汉两朝的人文地理环境

**1. 秦汉两朝地处关中的政治中心**

公元前 221 年,秦王嬴政次第击灭了函谷关以东六国,结束了战国七雄对峙乱战的局面,建都于关中咸阳,确立了大一统的封建王朝,为其后建都关中执其先鞭。

20 年后的秦末,楚汉战争汉王刘邦与西楚霸王项羽相持于荥阳,争夺天下,后刘邦胜出,在汜水之阳即位[101]。但灭秦的汉高祖刘邦既没有选择在其崛起的根据地楚地建都,也没有选择在其最终获胜并即位的关东建都,而是最终采纳了娄敬、张良的进谏,入关中,建都于渭河南岸的长安,究其原因系关中独特的政治军事地位所决定的。娄敬从国都之安全与中央朝廷对地方之控驭着眼,说:“秦地被山带河,四塞以为固,卒然有急……秦之故地可全而有也。夫与人斗,不搤其亢,拊其背,未能全其胜也。今陛下入关而都,案秦之故地,此亦搤天下之亢而拊其背也。”[102] 而张良则进一步在肯定建都关中更有利于巩固王朝的同时,还道出了关中渭河与黄河所具有的“漕挽天下”与“顺流委输”对王朝政权巩固与发展的重大作用。他说:“夫关中左崤函,右陇蜀,沃野千里,南有巴蜀之饶,北有胡苑之利,阻三面而守,独以一面东制诸侯。诸侯安定,河渭漕挽天下,西给京师;诸侯有变,顺流而下,足以委输。此所谓金城千里,天府之国也。”[103] 此后,西汉社会经济的发展证明了定都长安的正确性。西汉政权不仅凭借关中居天下之上游的地缘优势以及河渭的便捷交通与漕运能力,向东有效地制服了多起异姓王与同姓王之叛乱,而且还倚仗关中靠近西北边塞,便于就近统筹指挥的地理位置,有力地抗击了匈奴等来自关外的侵扰,扭转了西汉初期匈奴强大而西汉孱弱的不利局面,终于使匈奴降服,归款塞下,西域数十国也纷纷内附,造就了我国历史上封建社会第一个繁荣时期。

由此不难看出,关中具有关东及楚越之地难以比拟的在政治地位和战略地位上的优势,不仅“是一种基于当时区域格局所作出的高超的空间权衡”[104] 及秦汉两代当之无愧的政治中心,而且对秦汉两代近 300 年稳定统一局面的维持发挥了重要的作用。

**2. 秦汉两朝地处关东的经济中心**

黄河流域特别是黄河中下游平原是中华民族先民们最早加以开发的区域。在先秦生产力水平极为低下、生产工具十分简陋的条件下,包括地质、地貌、土壤、水文、植被等在内的自然地理条件是决定土地能否被开发的基本因素。黄河流域因地处华北湿润和半湿润暖温带落叶阔叶林区,相比其他地区而言,地势平坦,土质疏松,即使是使用当时最为简陋的诸如石、木等工具,也能够对其改造。因此,黄河流域的社会与经济最先发展起来,并在我国奴隶制时代乃至封建社会前期长期处于领先地位[105]。

此外,自战国时期魏惠王始,历时 21 年在黄淮(关东)平原出于战争需要建成的鸿沟水系,更是极大地促进了这片先发展起来的平原内的各诸侯国商贾间的货物交易,从而该地区内很快地兴起了一批经济都会。魏公子信陵君一次在和魏王谈及魏国之国势时,就说魏国的河外、河内,大县数百,名都数十[106]。这里所提及的河内是指当时太行山东南与黄河以北的区域,而河外则指黄河以南的地方,也是本章所讨论的黄淮平原。上文所述及的经济都会应包括战国时魏国首都大梁、陶(即今定陶区),此外还有濮水北岸的卫(今濮阳县)、地处获水与睢水入泗水之间的彭城(今徐州市)、濒临淮水之滨又处在颍水流入淮水处的寿春(今寿县)、鸿沟与颍水汇流处的陈(今淮阳市)、

鸿沟分黄处的荥阳（今荥阳市），以及兼跨睢水与获水两条运道的睢阳（今商丘市）等[12]。众多经济都会分置于黄淮地区，使该地区作为全国主要经济区的地位自战国直至唐末的一千二三百年间都未曾改变。

综上所述，在秦汉两朝，我国的政治中心稳固在关中地区，而主要经济区则分布在黄河中下游，尤以关东地区（黄淮地区）最为出众。关中周围的其他地区经济水平较低，甚至尚未开发。

#### 4.2.1.2　秦汉两朝政治经济形势下黄淮平原运河的景观格局

从上文可知，秦汉两朝的政治经济格局突出表现在关中与关东的关系上，这两个地区分处我国北方中原一带东西两边，分居黄河两侧，相距并不遥远。当时的政治中心在西，而全国主要经济都会遍布于东侧的关东地区。对应于上述背景，宏观尺度上秦汉黄淮地区运河的景观格局明显表现为诸支流集中汇聚于关东地区内距离黄河最近的西端，继而借由黄河、渭水流至国都呈东西向格局。此时，黄淮平原为全国首要经济区，经济都会遍布区内各地，为充分聚敛经济区内各地物资，最大化发挥运河的经济效益，黄淮运河在区域尺度上呈现以位于区内中部的狼荡渠（鸿沟）为主干（在运输的同时兼负向其他支流供水的任务），以连接遍布区内各主要经济都会的运道为支流的多枝型格局。

秦汉两朝，黄淮平原运河多支型格局主要继承了战国时期魏惠王主持开凿的鸿沟水系，具体而言，包括了由东、东南连接黄淮地区主要经济都会的五条分支，分别如下。

（1）由颍水过寿春、陈，接鸿沟（狼荡渠）汇涡水、涣水至大梁的鸿沟一支。该支为秦汉黄淮运河系统的主流，为该水系中的其他支流供水。

（2）过睢阳至大梁的睢水一支。

（3）连泗水过彭城至大梁的汳水一支。

（4）连泗水经陶的菏水一支。

（5）过卫至荥泽的濮水一支。

前四支齐汇于大梁，西行至荥泽与濮水一支合，继续西行至荥阳，入黄河行至渭水与黄河交汇处的潼关进入关东。

### 4.2.2　隋、唐、宋时期政治中心东迁与黄淮运河的景观格局

#### 4.2.2.1　隋唐宋时期的政治经济格局

**1. 隋唐时期的政治格局**

经过三国魏晋南北朝数百年的战乱与动荡，隋王朝建立，我国进入了封建时期第二次的全国大统一阶段。隋代因继承北周，关中地区已成为隋朝统治集团的根基所在，故而隋文帝夺取政权后，选在关中的大兴城建都。未沿用长安城为都是因西汉所建之长安城经过长期战争，凋残日久[107]，故隋朝在西汉长安城东南龙首原之南另建新都——大兴城。

隋朝立国短暂，仅 38 年后灭亡。继起之李唐王朝，肇起于太原，在战胜中原群雄后，却仍苦于西北边境上突厥族的频繁侵扰。在突厥咄咄逼人的攻势下，面对国防安全在西北方向的压力，唐高祖李渊采纳部分臣下建议，欲退避于秦岭以南豫西南之南阳盆地与汉水中游的襄樊一带另行建都。而此时，时为秦王的李世民对迁都之意坚决反对，并主动请缨表示愿承担起剿灭突厥的重任，才未使迁都之议付诸实施，而定关中长安为都[12]。李世民即位后不负众望，一方

面利用关中盆地“四塞以为固”的有利地势，积极防御，保障了长安的安全；另一方面则利用长安靠近西北边境的区位优势，抓住突厥内部分裂的有利时机，派李靖、李勣等骁勇善战之贤能，统率大军击灭了东突厥，继而又一鼓作气打败了西突厥，使西域天山南路各小国归顺唐朝。此外，唐还先后在对西方与北方的薛延陀、回纥、吐蕃等少数民族地方政权的斗争中取得重大胜利[108]，从而，唐朝统一的多民族封建国家得以巩固与昌盛，成为我国封建社会发展史中最为鼎盛和光辉的阶段。

综上所述，不难看出，隋、唐王朝作为我国封建社会历史中的第二次统一，均着眼于国防安全，借助当时关中地区在政治和军事战略上的独特价值使国家得到了巩固和发展。定都关中，在政治、军事上可谓上选。

然而，另一方面，定都关中的隋唐两代却时常遭遇“时天下户口岁增，京辅及三河，地少而人众，衣食不给”[38]的窘境。由于关中地区人口的大幅增加以及朝廷军政需求的显著提高，被秦汉时称“膏腴之地、沃野陆海”的关中地区的粮食产量已不敷国都与所在地之需。据《汉书·地理志》所提供的数据显示，西汉平帝元始二年（公元 2 年）各郡国人口统计数字，关中地区京兆尹、左冯翊、右扶风等三辅地区，总计有人口 243 万余人。西汉长安城人口鼎盛时已达 50 万以上[109]。但到盛唐天宝元年，据《新唐书·地理志》统计数据，关中地区京兆郡、华阴郡、冯翊郡、扶风郡、新平郡，人口总计达 308 万多人，而唐长安城中人口已达百万左右[110]。这还不包括会聚京师的军队士兵、中外商人以及朝廷大兴土木、修建宫殿陵墓调集于此的大量务工者。不难想象，在人口陡增的局面下，关中地区的粮食产量已难以应付。如果遇到荒旱饥馑之年，连皇帝杨坚都要出关到洛阳就食。唐代这种情况更为严重，皇帝携皇亲国戚、勋旧大臣到东都洛阳就食已为常见之事。如高宗永淳元年（公元 682 年），关中缺粮，米每斗贵至三百钱，高宗带领人马去洛阳解决温饱问题。由于过于仓促，形同逃难，扈从者中竟有倒毙于路途的，君臣后妃亦狼狈不堪[111]。

一方面，隋唐王朝定鼎关中，建都于此乃上选，而另一方面关中缺粮，区内人地矛盾突出，而区内渭水河道曲折，水浅沙多，加之潼关外黄河三门砥柱之险，难以应付大规模漕运。在此背景下，隋唐王朝在很大程度上鉴于洛阳地处关东更易从黄淮平原与长江下游地区获取粮食的实际情况，均在洛阳设立东都，实行两都制。此即全国政治中心由关中向关东，自西而东转移的先兆。这种趋势最终以北宋在黄淮平原（关东）定都开封为标志宣告结束。

**2. 隋唐时期的经济格局**

隋唐时期的经济格局较秦汉发生了很大的改变，而这种转变正是在秦汉后，隋唐前长期分裂战乱过程中发生的。秦汉时，北方黄河流域特别是关中、关东地区的经济实力位居全国之首。按《汉书·地理志》提供的人口数字统计，秦汉时期黄河流域及其附近地区有户 968 万余，有口 4 299 万余，而此时长江流域及其以南地区户仅 266 万余，口 1 460 万余。而从生产水平看，北方是农业发达地区，而南方尚处于“地广人稀，饭稻羹鱼，或火耕或水耨[28]”的状态。但自东汉起，特别是此后的魏晋南北朝，北方黄河流域中下游广大地区的战乱促使北方人口迁至相对安定的长江流域。这一时期，黄河中游黄土高原与河套地区由农变牧，农业区大为萎缩，黄河下游平原地区农业生产因战乱遭到严重破坏，这与南方淮河、长江流域“自晋氏迁流，迄于太元之世，百许年中，无风尘之警，区域之内，晏如也”“地广野丰，民勤本业，一岁或稔，则数郡忘饥”[112]形成了鲜明的对比。

隋唐出于政治军事需求建都关中，在这两个稳定时期，北方黄河流域的经济状况虽有所恢复，人口也恢复增长，但好景不长，唐中叶玄宗时的安史之乱又给正处于恢复期的北方以重创，中原地区再一次遭到战火蹂躏，继西晋再次出现北方移民潮。至此，人口之南重北轻的局面已成定局，全国的经济中心已完成了由北向南的转移。

在这种情况下，隋及唐代初期，已需要从江淮与江南地区漕运粮食；到中唐时，朝廷之漕粮与财赋均主要依赖江淮与东南沿海地区。如唐肃宗至德元年（756 年），第五琦在蜀中就曾对太上皇李隆基指出："方今之急在兵，兵之强弱在赋，赋之所出，江淮居多。"[113] 杜牧亦说："今天下以江淮为国命。"[114] 据史料记载，中唐以后，唐朝廷的粮食与赋税主要供给地区已从原黄河下游平原移到"东南八道"，即浙东（治越州，今浙江省绍兴市）、浙西（治润州，今江苏省镇江市）、宣歙（治宣州，今安徽省宣城市）、淮南（治扬州，今江苏省扬州市）、江西（治洪州，今江西省南昌市）、鄂岳（治鄂州，今湖北省武汉市）、湖南（治潭州，今湖南省长沙市）、福建（治福州，今福建省福州市）[114]。上述八道分布在长江中下游平原及东南沿海地区，其中又以太湖流域与江汉平原最为富庶。

**3. 北宋时期的政治经济格局**

安史之乱后，黄河中下游流域混战不断，经济萧条，破败不堪，加之契丹、女真等北方少数民族不时南下，农业生产状况日渐凋敝。而江淮地区，特别是太湖流域经济发展迅猛，超过北方，一跃成为此时全国首屈一指的经济区。鉴于上述形势，北宋未继隋唐定都关中，而将都城选址于更靠近江淮的汴梁（今开封）。汴梁地处关东，是黄淮平原水运要塞，向北可经黄渭达关中，向南可借由隋唐的汴水、通济渠入淮而抵江南，区位优势明显。

综上所述，隋唐两代一方面着眼关中在政治军事上的地理优势，定都关中，另一方面，考虑到江淮地区赶超关东的优越经济形势设洛阳为陪都，形成典型的两都制。洛阳陪都地位的日益提高以及安史之乱后北方的频繁战乱与南方的相对稳定为全国政治中心东移做好了充足的铺垫。北宋建都汴梁，标志着我国政治文化中线的全面东移。关中的政治地位自此一去不返。

#### 4.2.2.2　隋唐宋时期黄淮运河的景观格局

如前文所述，隋唐宋时期我国的政治经济格局较秦汉均发生了明显的改变。政治格局在北宋完成了自西向东的彻底转移，经济中心在此期间亦实现了由北向南的转移。经济中心集中在长江下游的江淮地区和太湖流域。对应于上述宏观人文地理环境的变迁，隋唐宋时期黄淮运河一改前朝以黄淮平原中部的狼荡渠为主流的运河系统，转而形成以直指江淮下游呈东南走向的汴渠（隋朝时称通济渠，唐宋两朝改称为汴渠，但区别于秦汉所开的汳水）为主流的景观格局。可见，伴随全国政治中心的东移以及经济中心的南移，该时期运河的景观格局在宏观上亦呈现出向东南方向发展延伸的趋势。另外，由于黄淮平原在全国整体经济格局中的地位由秦汉时的首要经济区转而成为全国的政治中心，黄淮运河系统为满足政治中心掌控全国的需求由前朝充分串联经济都会的多枝型格局转变为以都城为中心，向东北、东南、西南、西北的辐射型景观格局。此格局的转变不是一蹴而就的，而是经过隋唐两朝的积累，并最终于北宋时期完成的。

北宋黄淮运河的主干是径直连接长江下游江淮地区并为相关支流供水的汴渠（即隋朝的通济渠）和古汴水。这里的古汴水即为秦汉黄淮水系中的汳水，据记载到隋唐其仍为漕船过淮水至大梁的主要运道，但其运量较通济渠低。通济渠为北宋汴渠的前身，系隋炀帝为了更为便捷安全地从江

淮地区运送物资到洛阳所开。其线路不同于战国时期鸿沟水系的汳水和秦汉黄淮运河水系中的汴水。该运道起自板渚（今河南省荥阳市西北汜水镇黄河旁），过汴梁、宋城（今商丘市）后，继续向东南行至江苏省盱眙县北流入淮河。其相比战国汳水和秦汉汴水，避免了“汴水迂曲，回复稍难”，也避开了汴水入泗处的徐州洪和吕梁洪之险。

此外，北宋黄淮运河还有向西北、西南、东北辐射的三条分支。其一是下游连接齐鲁地区，实现开封与京东东路、京东西路州县联系的广济河。这是在唐朝修浚的出开封，经定陶入巨野泽至兖州的湛渠的基础上建成的。其二是水出荥阳黄堆山入汴梁的金水河。其确保了都城与整个关东地区的水运联系，而且还兼顾了为东京之皇宫苑囿及豪门贵族府邸提供园林用水，为官民提供生活用水的功能。其三是引汴渠水，出开封，经陈州入淮河上游的惠民河。该河利用了秦汉鸿沟旧渎，在唐德宗建中年间，李正己、田悦、李纳、梁崇义等藩镇军阀相互勾结，反抗唐朝廷，盘踞汴渠及其临近地区，以致唐难以借汴渠运输江南物资，唐江淮水陆转运使杜佑建议并开凿此条备选运道。此运道由淮水上游入淮，从而在一定程度上建立起首都与长江中上游地区的连通。上述三条运道虽地位不及汴渠对朝廷的影响重大，但与汴渠共同构成了以京都汴梁为中心，呈辐射状的黄淮运河系统。

### 4.2.3 元明清时期南北政治经济格局与黄淮运河的景观格局

#### 4.2.3.1 元明清时期的政治经济格局

元朝作为我国历史上第一个统一全国的少数民族政权，其在都城的选址问题上亦表现出鲜明的时代背景和独特的统治重心。

忽必烈的固本之地在漠南汉地。公元 1251 年，忽必烈受命前往漠南汉地掌管军令民事，经过数十年的努力经营，漠南汉地发展成为我国北方的经济繁荣区，忽必烈的军事实力和声望得到极大提高。为了向一统中华大地的宏伟目标迈进，忽必烈未将脚步停滞于漠南，而是携众臣兵力前往草原、大漠、华北平原的交汇地开平府，这为其后续战事的顺利展开起到了极其重要的作用。不久，元世祖忽必烈并夏灭金，攻下南宋，于公元 1271 年建国号为元，建立元朝。

此时，建都何处成为初建政权的元统治阶级亟待解决的问题。元初，国家的国防威胁一方面来自东北的金、夏残余势力，同时还有来自南宋的压力。但无论是曾为数朝都城所在地的关中，还是南宋都城临安以及蒙古族的根据地和林，都不具有同时应对上述两方面问题的能力。在这种情况下，迁都于燕京（今北京）之建议不断。燕京地处今华北平原的最北端，三面环山，中间是平原，向东南敞开，即所谓“幽州之地，左环沧海，右拥太行，北枕居庸，南襟河济”[115] 的形胜之地。其以北面重关峻口绵亘千里、南面一马平川交通便捷的地理优势，成为历朝历代重要的战略要地。对于初建政权的元朝而言，向北可控金、西夏故地，向南可达南宋政权区的燕京之地成为建都之首选，遂于至元九年（公元 1272 年）正式迁都燕京，并改其名为大都，首开我国封建统一政权建都于华北之史。

明朝是朱元璋带领众多江淮子弟夺取政权的王朝，故起初定都南京。但终因南京偏于江南一隅，虽可使政治中心与经济中心合并，却存在难以掌控全国之弊端。明成祖遂于公元 1421 年迁都北京，且终清一代沿用至今。

由此不难看出，元定都燕京标志着我国封建社会后期政治中心的彻底北移。自此，华北平原确

立了其全国政治中心的绝对领导地位。而此时，全国各地的经济虽均得到长足发展，但长江中下游和太湖流域仍处于领跑地位。全国的政治经济格局以政治中心位居华北，经济中心地处江南，南北相对为显著特点。

#### 4.2.3.2　元明清时期的黄淮运河的景观格局

元明清时期黄淮运河的景观格局发生了巨大的改变，究其原因是由两方面因素决定的。其一，我国的政治中心完成了由关东向华北，由南而北的转移，而经济中心仍位于长江下游地区。古代运河作为连接国家政治与经济中心的强有力的工具，全国政治经济格局的改变必然会引起相关运河景观格局的改变。其二，南宋建炎二年（公元 1128 年），东京留守杜充于滑州李固渡人工决开黄河大堤防，黄河改道南流，夺淮入海。黄河南侵与淮河合并后，造成隋唐宋时期以汴渠为主流的黄淮运河大面积严重淤积，一部分河身甚至变成陆地。加之此后南宋王朝跑到江南定都临安，长期与金隔淮河对峙，战争与自然条件的巨变导致历史上曾水波粼粼、风帆上下、繁盛长达 500 余年的汴渠随着北宋王朝的覆亡而逐渐地被掩埋于黄沙尘土之下。伴随着自然地理环境的改变以及黄淮地区旧运道的彻底消亡，对应于元初国家政治中心与经济中心间位置关系向南北格局的大跨度转变，元朝利用汶泗水系在鲁北平原新开凿了连接临清与徐州的水运系统，并沿用至清末。该运河水系在宏观尺度下呼应了呈南北格局的国家政治经济格局。另外，由于此时黄淮地区仅为上承政治中心，下达经济中心的过渡区域，较前朝其重要性明显降低，因此元明清三朝，该地区运河区域尺度下的景观格局呈现出以元初开凿的济州渠和会通河为主干，以汶泗水系及大清河为支流供水，以安山湖、南旺湖以及南阳四湖为调蓄水柜的南北单线型特点。

需要特别指出的是，元朝开凿，在明清得到很好发展的会通河水系的行经路线虽然由于南宋黄河南侵夺淮入海而位于黄河以北，流经今山东省北部，换言之即与前朝的狼荡渠、汴渠水系相对于黄河的位置明显不同，但实质上其地理位置仍属于黄河改道前黄淮平原所囊括的地域范畴。这也正是上文可以将会通河水系与秦汉的狼荡渠水系以及北宋的汴渠水系放在一起进行比较的原因所在。但为了表意更为清晰准确，故在下文中当论及以会通河为主干的运河水系时，笔者不再使用“黄淮运河”一词，而以“山东运河”代替之。

### 4.2.4　不同人文地理环境下黄淮运河景观格局的比较分析

结合上文所述，对黄淮运河在三个典型时期的景观格局进行比较，并基于宏观和区域两个尺度，分别从全国政治经济格局的变迁和黄淮平原自身地位的改变两个层面，对黄淮运河景观格局进行演变原因分析，见表 4–1。

**表 4–1　黄淮运河景观格局演变原因分析**

| 时期 | | 秦汉 | 北宋 | 元明清 |
|---|---|---|---|---|
| 宏观尺度 | 政治经济格局 | 政治中心地处关中长安，经济中心集中在关东中部，以大梁、陶、陈、睢阳、卫最为典型 | 政治中心向西迁移至汴梁，经济中心南移至长江中下游流域和太湖流域 | 政治中心向北迁移至燕京，江淮作为经济中心的地位更为稳固 |
| | 运河布局走向 | 支流集中汇聚于关东地区内距离黄河最近的西端，继而借由黄河、渭水运至国都的东西布局 | 以直指江淮下游的汴渠为主流，呈东南方向延伸的布局走向 | 以连接江淮下游的会通河为主流，呈南北方向延伸的布局走向 |
| | 黄淮运河景观格局演变的内因分析 | 秦汉—北宋<br>随着政治中心的东移和经济中心的南下，原运河系统中下游连接江淮的支流其地位显著提升，受到国家的重视而得到集中治理得以保留；部分下游偏离现阶段经济中心的支流因不符合新的形势需求而被忽视逐渐消失；原运河系统中呈东西走向，延伸至关中地区的运段逐渐衰退甚至淤废；此外，统治集团为了更为高效便捷地从经济区向首都运输物资还针对新局面挖掘了新运道。以上措施的实行，使黄淮地区运河系统由东西走向转而向东南方向延伸 | 北宋—元明清<br>元朝作为我国历史上首个统一全国的少数民族政权，为了更好地将蒙古游牧文化与中原的农耕文明协调起来，实现民族融合，定都燕京。自此，国家的政治经济格局呈南北关系，与秦汉时期的东西走向，隋唐宋时期的东南走向相比改变甚大，原来的运河水系难以应对新的形势需要，因此元朝彻底废弃前朝积累的黄淮运河，按南北方向重新修建 | |
| 区域尺度 | 黄淮平原地位 | 全国首要的经济中心 | 全国政治中心 | 上承政治中心，下达经济中心的过渡区 |
| | 运河景观格局 | 多枝型 | 辐射型 | 单枝型 |
| | 黄淮运河不同景观格局形成的内因分析 | 关东是我国历史上最先出现农田耕种的区域。战国时这里集结了曹、卫、鲁、宋、魏、陈、蔡七个主要诸侯国。各诸侯国为了增强国力对所属区域积极治理，极大地促进了以诸侯国国都为中心的若干经济腹地的形成。秦汉时，关东的经济优势更为凸显，成为全国首要的经济中心。区内以运河支流将各经济都会串联于通往国都的运河主干上的运河格局能够充分发挥经济区的优势，向首都输送更多的物资。可见，区域尺度下黄淮运河的多枝型格局是适应国家形势需求的体现 | 北宋时期，经济中心已全面南移。宋朝为了靠近全国经济主产区，选择关东汴梁为国都。北宋吸取唐末安史之乱的教训，欲加强对于全国各区的控制。运河作为以物资兵力供应为手段实现中央控制地方的纽带，成为国家上述意图的物资载体。因此，以国都为中心向东北、东南、西南、西北的辐射状运河格局是当时已成为全国政治中心关东地区运河系统的最佳选择 | 元明清时期，黄淮地区上承时为政治中心的华北地区，下依全国经济中心，作为过渡地区，其运河系统仅以连接两地为主要目标，因此运河呈单枝型格局 |

## 4.3　元明清时期山东运河景观空间格局演变的定量分析与研究

自北宋末直至元世祖忽必烈再次统一全国，北宋以汴梁为中心的黄淮运河饱受战争和黄河改道的侵扰，在元初已掩埋于黄沙尘土之下。而元朝为了适应国家政治与经济中心呈南北关系的新格局开凿的以会通河为主干的山东运河水系，不仅在明清时期得到很好的发展，且局部区段至今仍保持通航。因此本节将对山东运河在元明清三朝的景观格局及其变迁展开深入研究，这无论是对京杭大运河山东段申遗工作的展开，还是对相关遗产保护项目的实施均具有重要的现实意义。

### 4.3.1　元朝山东运河的景观格局及其存在问题

元朝分别在至元二十年（公元 1283 年）和至元二十六年（公元 1289 年）先后开通了连接今济宁与须城（今东平）安山的济州河和自安山至临清间的会通河，使山东运河初具规模。此时，山东运河的景观格局比较简单。运河的主干自北而南是由会通河、济州河以及泗水河道（济宁以南至徐州借泗水河道行运）共同组成的，其中会通河二百五十余里（1 里 =0.5 千米），济州河一百五十余里，济州南至徐州的泗水河道二百余里，全长约六百里。运河主干以东有自东部流入区内的汶、泗两大自然水系为运河提供水源，即汶水流至宁阳县东北堽城（今山东宁阳县东北堽城镇），由堽城坝遏汶水南流，走原洸水故道的一支与泗水流经兖州，由金口坝（又称胄旧堰）遏泗水西流走古洙水故道的一支，在济州城下合流后入运，提供行运需水。运道以东还有大清河（原济水），其虽与济州河在安山附近相连，但因其为由东北方向流出该区入海的河流，在元朝时尚未与运河建立联系。

如上文所述，济州河和会通河的水源主要来自鲁中山地的汶泗水系。这两大水系以河流全年径流量较小、年内分配极不均匀为突出特点。据今相关人员以 20 世纪 30 年代前半期三年（1932—1934 年）汶泗流域泰安、曲阜等 12 个县逐月降水量为基础数据所做的统计结果显示，汶泗水系每年 6—9 月降水量最为集中，占全年总量的 50%~70%。以汶泗流域多年平均降雨量为 600~700 毫米计，当时的降雨量最大可达 490 毫米。加之汶泗水系均属树枝状水系，暴雨季节总流汇注，下游供水极其集中，尤其是泗水支流多属山溪性河流，源短流急，洪峰值高 [116]。这个阶段若运河容纳不了，宣泄不及，便会泛滥成灾。而到了每年 12 月至次年 2 月间，该流域降水量大幅下降，其值仅占全年总量的 10% 以下，为全年的枯水期 [116]。但此时恰好是漕粮春季起运之际，正是全年最需要水的时候。由此不难发现，元朝时山东运河系统虽已建构起以人工运道为主流、以自然水系为支流的供水基本格局，但汶泗水系的自调节能力欠缺，整体景观格局中缺少蓄水调洪的部分，这不仅是其稳定运行的硬伤，也直接导致了这个时期运河水系景观连通度指标偏低。

不仅如此，从元朝山东运河的景观格局可知，遏汶水南流之洸水与遏泗水西流之洙水在济州城南的交汇点为运河的分水点，即汶泗来水向北入济州、会通二河，向南合泗水入黄河。但由于济州以北的南旺是全区地势最高的地区，如清人靳辅指出的南旺地面“与任城（即济州，今济宁）太白楼岑齐”，为“南北通运之脊”[117]。据今天测量、南旺之地高济宁 1.5 米，因此，“北高而南下，故水之往南也易，而往北也难”[118] 的状况始终伴随元朝山东运河始终。

综上所述，元朝山东运河因缺少蓄水调节能力以及错误的选择济宁为分水点，在整体景观格局方面集中暴露出没有有效应对气候条件造成的水源不均问题，以及未能有效利用区内高低不平的地势两方面缺陷，导致元代该段运河时通时塞的状况延续始终，漕运仍以海运为主。

### 4.3.2　明清时期山东运河的景观格局及其改进措施

从图 4-1 中可知，明朝山东运河景观连通度水平从元时的 0.38 提高到 0.45，增幅近 19%。这主要归因于明朝对运河的景观格局进行了以下三个方面的改善：其一，沿运设置水柜水壑，提高运河系统的自调节能力；其二，引泉济运，提供稳定水源；其三，重选分水点，沿线置闸，提高运河的通行能力。

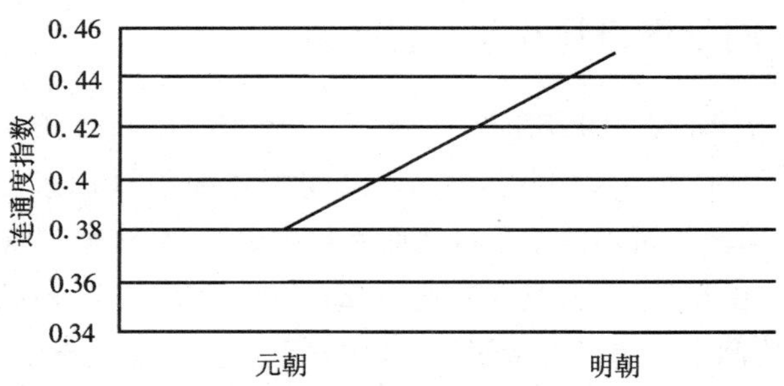


**图 4–1　山东运河景观连通度变化趋势图**

**1. 沿线设置水柜水壑**

所谓水柜，即利用运道沿岸湖泊或人工池塘蓄水，当航道干浅时放水入河接济通运。而水壑则是利用运道沿岸湖泊或人工池塘储纳运河水盛时溢出的水量。水柜的作用相当于现代的水库，但其并非拦河为库，而往往是建于运道两岸，通过闸坝与运道形成联系。水壑则等同于现代的滞洪区。由于“可柜者，湖高于河，不可柜者，河高于湖故也”[119]，即柜底太高则河水难以溢入，而河底太低，柜水不能放回，因此一般将地势高于运河的湖泊设为水柜，而将地势较低的湖泊设为水壑。在古代水利技术和施工能力有限的情况下，千里一线之渠道若有湖泊及相当于近代水库一类的水体置于沿线，不仅可提高运河景观格局的合理性，对调蓄运河水量更为必要，这样“漕河水涨，则减水入湖，水涸，则放水入湖，各建闸坝，以时启闭”[120]。

明永乐年间，宋礼受命整治会通河。其鉴于运河流经地区的地貌形势即西面是古黄河冲积扇的前沿，东面是鲁中山地丘陵，恰为两个相向倾斜面相交，呈西北—东南向的条状低洼地带[12]，易于积水，遂人为围堤在会通河（明时，会通河和济州河统称会通河）沿线设立四大水柜（水柜与水壑的统称），分别是汶上县的南旺湖、东平县的安山湖、济宁州的马场湖以及沛县的邵阳湖。此后，时至明成化年间又有南阳湖、独山湖、微山湖等水柜形成。以大汶河三角洲为界，济宁以北有安山、南旺、马踏、蜀山及马场五湖，用以调蓄济宁以北的运段（见图 4–2），而济宁以南则有南阳、独山、昭阳以及微山等四湖服务于济宁以南的运段（见图 4–3）（见表 4–2）。

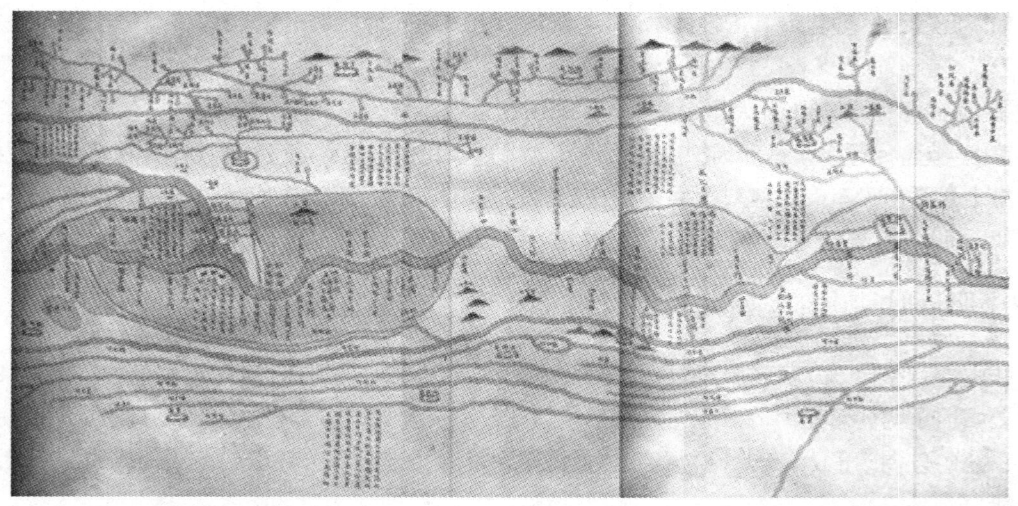

**图 4–2　济宁以北山东运河沿线水柜（安山湖、南旺湖、马踏湖、蜀山湖、马场湖）（摘自《九省运河泉源水利情形图》）**

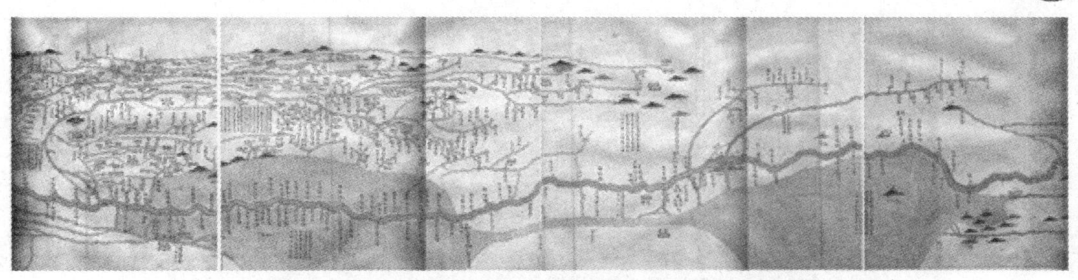

**图 4–3　济宁以南山东运河沿线水柜（南阳湖、独山湖、昭阳湖以及微山湖）**
**（摘自《九省运河泉源水利情形图》）**

**表 4–2　明朝山东运河沿线湖泊详表**

| 序号 | 名称 | 作用 | 备注 |
|---|---|---|---|
| 1 | 安山湖 | 水壑 | 水源：主要来自运河余水 |
| 2 | 南旺湖 | 水壑 | 水源：主要来自运河余水<br>水过盛时，则由芒生闸出广运闸，走牛头河（今赵王河）泄水并接济鱼台以下运段 |
| 3 | 马踏湖 | 水柜 | 水源：主要来自汶水 |
| 4 | 蜀山湖 | 水柜 | 水源：主要来自汶水 |
| 5 | 马场湖 | 水柜 | 水源：主要来自洸水、洙水以及蜀山湖余水 |
| 6 | 南阳湖 | 水壑 | 水源：主要来自南旺湖余水、汶水、泗水 |
| 7 | 独山湖 | 水柜 | 水源：主要来自沙河、泗水、白马河、郭水<br>（明隆庆元年前） |
|  |  | 水壑 | 水源：主要来自沙河、泗水、白马河、郭水<br>（明隆庆元年后） |
| 8 | 昭阳湖 | 水柜 | 水源：主要来自荆沟河、沙河、薛河<br>（嘉靖四十五年南阳新河开通前） |
|  |  | 水壑 | 水源：主要来自运河余水、南阳湖泄水、独山湖泄水<br>（嘉靖四十五年南阳新河开通前） |
| 9 | 微山湖 | 水壑 | 水源：主要来自运河余水及南阳、独山、昭阳等湖泄水 |
| 10 | 骆马湖 | 水柜 | 水源：主要来自沂水<br>（万历三十三年后连入运河系统中） |

安山湖（见图 4–4）实为古梁山泊的余存，在东平州城西南 15 里，萦回百余里[9]。明永乐初虽设其为水壑以泄多余运河水，但未加筑任何人工设施[12]。直至正统三年（公元 1438 年），据《万历兖州府志》卷十九《河渠志》记载“正统三年知州傅霖置减水闸于河岸。规其中三十八里，四面筑堤”，作为水壑已具规模。《问水集》记载：安山湖，旧志称萦回百余里而不详其界。弘治十三年（公元 1500 年）通政使韩鼎始踏勘四界：东至马家湖，西至旧东河，南至安山，北至运河。十里铺在湖中界，自铺至安山湖广 15 里。周围共 80.4 里，四界立界碑，栽柳。

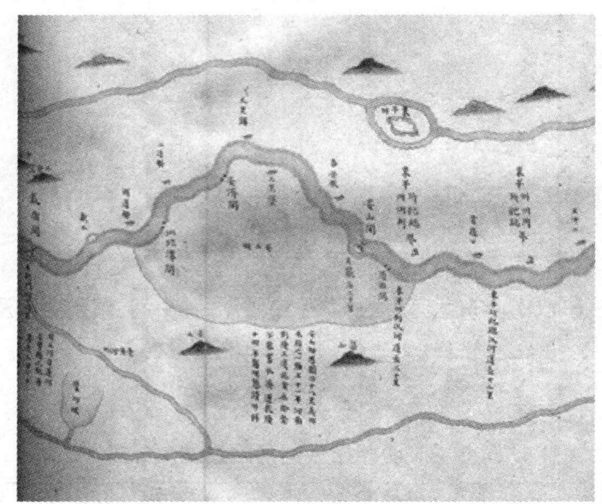

**图 4–4　安山湖与山东运河（摘自《九省运河泉源水利情形图》）**

南旺湖位于汶上县西南三十里。永乐九年明重开会通河，时年八月宋礼上言："河流深浅、舟楫通塞，系乎泊水（即南旺湖）之消长。"[78] 可见，南旺湖与运河系统的调蓄能力直接相关。南旺湖周围 150 里，运河贯其中，两岸筑堤，绵亘南北七十里，置木桩两旁，中实以为土，以为纤卒之路。

南旺湖湖区由运河堤和汶水堤分割为三部：位于运西的南旺西湖，弥漫浩渺，冬夏不涸，周围 93 里；运东地稍高阜，由汶水堤分为南北两部分，分别是：汶水堤以北的马踏湖，周 43 里；汶水堤以南的蜀山湖，周 65 里 [121]。三湖中，"惟蜀山、马踏湖在漕岸之东，可称水柜（山东运河东岸地势高于运河，西岸低于运河）；南旺西湖及安山湖在漕岸之西，但称水壑，不能济运，运河水涨时'主于泄以备涝'"[122]。其中，南旺西湖因兼为明朝山东运河新的分水点即南北分水水脊以及运道之水壑其地位十分重要。当其纳水过盛时，则由芒生闸出广运闸，走牛头河（今赵王河）泄水并接济鱼台以下运段 [123]。而马踏湖、蜀山湖作为汶水进入南旺地区的首聚之处，较他湖则更为紧要。清朝规定伏秋时蜀山湖必须蓄水至九尺七八寸，才能敷全漕之用 [124]。

马场湖原为济宁城西南沿运的一片洼地，后为汶泗二水通过洸河、府河所汇注，形成任湖（马场湖前身，因济宁古称任城而名）[10]。因其位于运河以东，且兼受由冯家坝分泄来的蜀山湖余水，成为运河沿线重要水柜。据载，嘉靖年间筑堤周围有六十里，沿堤植柳，以备运河蓄泄 [123]，还立有禁碑"军民不得占种"[125]。

南阳湖成形于明成化年间，因沿洪武初耐牢坡、塌场口间旧运道开永通河引南旺西湖诸水东南流，抵鱼台东北南阳闸北入运，与汶、泗二水交汇于南阳闸下，积水成南阳湖 [12]。隆庆元年南阳新河开通，新运道自南阳闸穿南阳湖东出，经昭阳湖东岸南下，于是在运河东岸独山坡下低洼处储积滕、鱼台诸县沥水成独山湖 [126]。起初，独山湖广纳滕、沛、鱼台、邹县境内的沙河、泗水、白马诸水 [127]，可谓"泉流蓄聚，足资灌输"[128]，是山东运河南段很好的水柜。但后因运河淤高，独山湖反低于运河河底数尺，湖水不能接济运河，只蓄无泄，水涨时只能将余水排入其南的昭阳湖，从水柜转而成为水壑。

昭阳湖随着明嘉靖四十五年（公元 1566 年）南阳新河的开通，也经历了从水柜到水壑的转变。明永乐时，昭阳湖位于运河东岸，湖域广大，北属滕县，南达沛县，数县山溪泉流均汇于此，主

要有荆沟河、沙河、薛河等，周围八十余里，水资源十分丰沛。明永乐时即在湖口置闸，运河水涸时，便放水入运，是运河沿线重要的水柜[10]。但嘉靖四十五年后，由于黄患集中于徐州附近，运道被黄河冲毁、运道淤堵等现象时有发生，为了避黄保漕，南阳新河开通。自此，昭阳湖转而位于运道西侧，地势低于运道。当南阳新河遭遇洪水暴涨时，则泄水于昭阳湖，昭阳湖由水柜转变成了水壑。据清乾隆年间记载，昭阳湖周围扩展至一百八十里[129]，湖面与其南微山湖相连，两者之间无明显界限。

山东运河沿线微山湖形成最晚。明隆庆、万历年间，黄河东决，在运东背河洼地形成了一连串如郗山、赤山、微山、吕孟、张庄等数湖。起初这些湖泊非常浅平，对于运河的运行并不能产生影响[12]。此后，至万历三十二年（公元 1604 年），为避开徐州上下游黄河之险，开通泇河，上述小湖泊转而位于运道西端，承受三方来水：一是运东山水暴发时，通过运河减水闸宣泄于此的河水；二是由于上述诸湖位于南阳、独山、昭阳等湖的下游，成为诸湖余水所归之处；三是由于此处地势低洼，鲁西南十余州县的沥水最后亦会汇集于此。最终，上述诸小湖连成一片，形成微山湖[130]。此后，由于徐州一带黄河河床持续抬高，微山湖承接上游来水，但水难以排入黄河，遂日渐扩大，成为山东运河沿线最后形成的水壑（见图 4–4）。

另外，万历三十三年避黄行运的泇河开通，将骆马湖连入运河系统中，成为运河沿线的水柜，其一方面为泇河补水，另一方面借其南端连接黄河的皂河、骆马湖口、董口兼顾洪水期泄水之任，对新开泇河的运行极具影响。

综上所述，山东运河沿线作为水柜或水壑湖泊的形成及变迁，是在地理环境条件基本具备的前提下，通过人为引导修建而最终形成的。这些湖泊原先都是运河沿线的背河洼地，由人为围堤而成湖泊，加筑闸坝而具备有效的调蓄能力。上述诸湖以南旺分水点为界分布于运河的南北两段，对于运河系统景观格局的完善，自调蓄能力的提高发挥了至关重要的作用，是景观连通度指标显著提高的关键因素。

**2. 引泉济运**

明朝为了改变山东运河水源极不稳定的状况，鉴于汶、泗、沂诸水发源的鲁中山地岩溶地貌发育较充分，具有溶洞、溶蚀及岩沟等地貌条件，于永乐十七年（公元 1419 年）在陈瑄的建议下初浚泉源，以资运河水源[131]。有关鲁中山地的地貌条件，《水经·泗水注》有这样的记载："墟（泗水上源鲁国卞县东南的桃墟）有漏泽……泽西际阜……阜侧有三石穴，广圆三四尺，穴有通否，水有盈漏，漏则数夕中，倾陂竭泽矣。"《博物志》亦曰："泗水出陪尾。盖斯高阜者矣。石穴吐水，五泉俱导，泉穴各径尺余。"地下溶洞"洞达相通，往往有如数间屋处，其俗谓之峄孔"。上述岩溶地貌多因极易导致地表水渗漏而蕴藏丰富地下水资源，并时常在山麓地带涌出地面形成泉。引泉入运，即将鲁中山地西侧的泉源通过地表明渠导入汶、泗、沂等水，再汇入会通河的措施，不仅因泉源水可稳定补充汶泗二水，对会通河的持续运行有极大帮助，而且改善了元朝该运段供水形式单一的景观格局，赋予会通河"泉、河、湖紧密相连"的独特景观风貌，享受"泉河"的美誉。

明朝会通河的泉源主要来自兖州、济南、青州三府，并可分为四派。

（1）新泰、莱芜、泰安、蒙阴等县以西，宁阳以北诸泉，通过汶河注入南旺，然后分流南北，故称为汶河派的影印图（见图 4–5）。

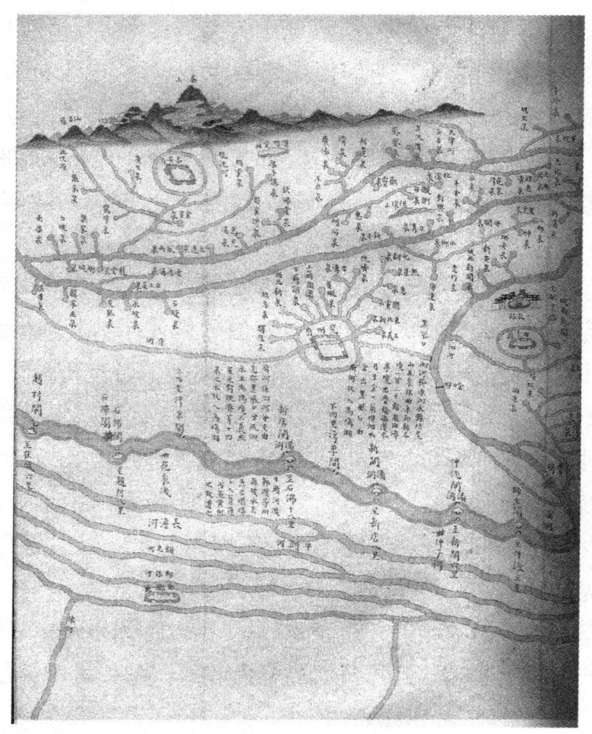

图 4-5　引泉济运——汶河派

（2）泗水、曲阜、滋阳（兖州府附郭县）境内泗、沂水上源诸泉和宁阳以东汶河诸泉，由洸、府二水汇于济州城南的天井闸入运，此为天井派（见图 4-6）。

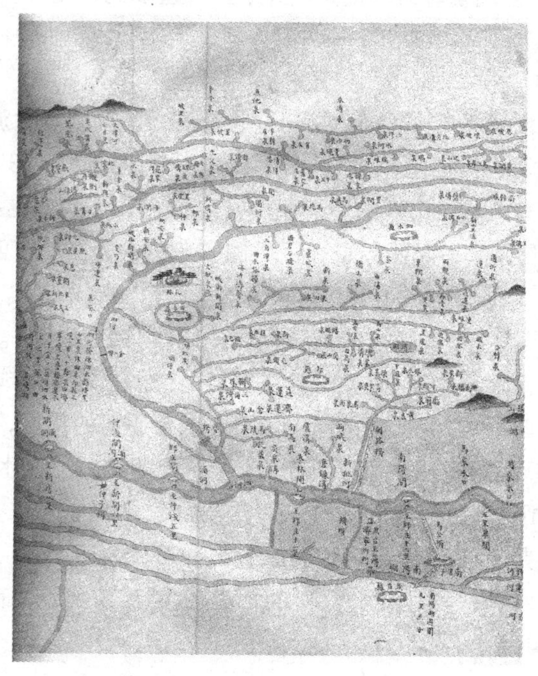

图 4-6　引泉济运——天井派

（3）邹县、济宁、鱼台、峄县以西和曲阜以南诸泉，由泗水故道至鲁桥入运，因此称为泗河派（见图 4–7）。

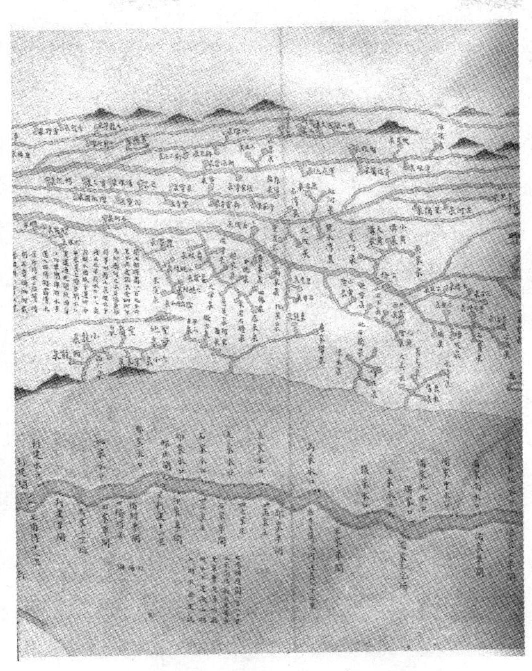

图 4–7　引泉济运——泗河派

（4）邹县以南，滕、峄县境内流入昭阳湖的诸泉皆由沙河注入运河，称为沙河派（见图 4–8）。

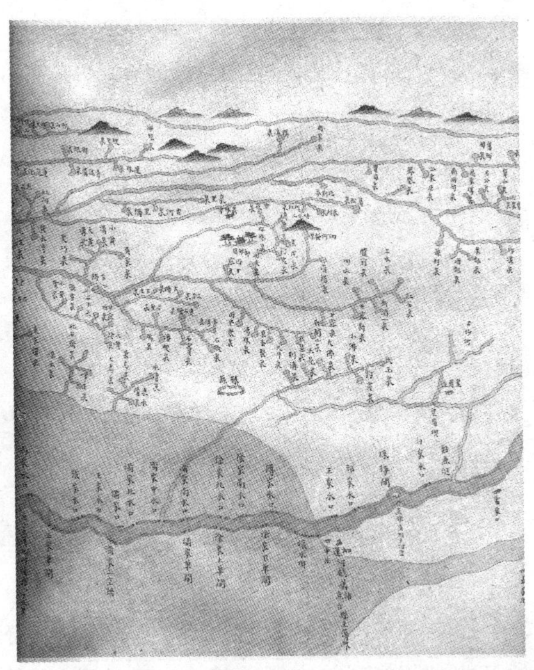

图 4–8　引泉济运——沙河派（摘自《九省运河泉源水利情形图》）

嘉靖末年开南阳新河后，运道经昭阳湖东，诸泉改入南阳新河，故又有新河派之称[12]。据王琼《漕河图志》记载，明弘志年间，山东运河水源来自兖州、济南、青州三府入汶、入泗、入沂的共有163泉。至万历年间，《泉河史》述共引309泉，天启年间又新辟27泉，明末共引336泉[132]。由此可见，会通河“泉河”之称当之无愧。

**3. 重选分水点**

如前文所述，元代以济宁城南为分水点，导致“北高而南下，故水之往南也易，而往北也难”，济宁以北运段缺水严重，漕船“每至此(南旺)而舟胶焉”[132]。这是由于元初进行引汶汇泗水源工程时沿袭了十六国时引洸汇泗的引水路线，没有考虑到会通河全程以南旺地区地势最高的实际情况所致(见图4-9)。明代经宋礼等人的实地勘察，采用了汶上老人白英的建议，在戴村筑坝，引汶水向南至水脊南旺南北分水。于是“至南旺中分之为二道，南流接徐沛十之四，北流达临清十之六。南旺者地势高，决其水，南北皆注”[78]。明朝合理利用地形，将分水处从济宁北移至南旺后，巧妙地解决了元代会通河行水不利的问题(见图4-10)。

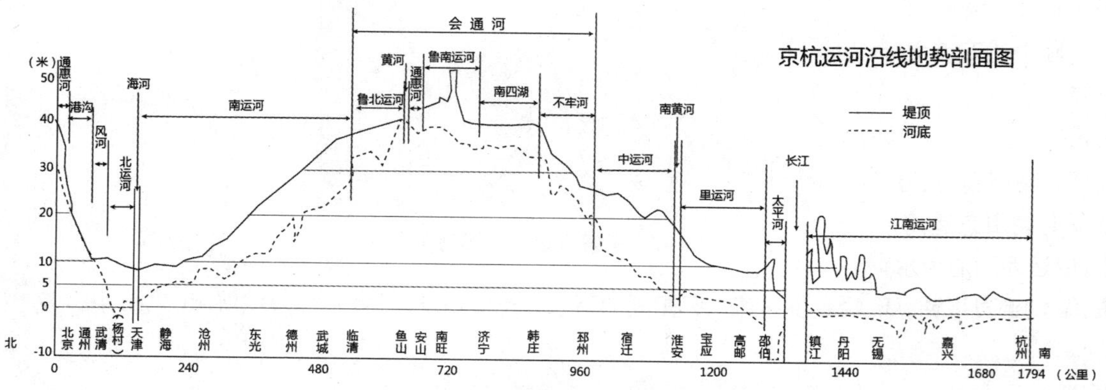

图4-9 会通河地形(摘自《京杭运河治理与开发》)

图4-10 分水观汶(摘自《京杭大运河图说》)

但由于会通河沿线地势中间高而两端低，且局部起伏，兼存在水源不稳等问题，因此运河沿程必须“度高低，分远迩”，分段节水，以时启闭，方能通航。故宋礼等人又在元代运道旧闸的基础上，“相地置闸，以时蓄泄”。据《明史·河渠志》载：“自南旺分水北至临清三百里，地降九十尺，为闸二

十有一；南至镇口三百九十里，地降百十有六尺，为闸二十有七。其外又有积水、进水、减水、平水之闸五十有四，又为坝二十有一，所以防运河之泄，佐闸以为用者也。”其中，安山以北运段的闸坝以减水闸为主，以宣泄为运河所阻的运西积潦，使之排泄入海；安山以南运河两侧的闸坝则主要与两岸湖泊水柜相通，调节运河水流[12]。

在会通河沿线近几十座船闸中，尤以南旺湖中的柳林闸和济州城南的天井闸最为重要。前者，如明人万恭说："其枢，在南旺，其机，在柳林。汶平，则柳林复开，汶发，复闭，不言所利，大矣哉！"[120] 当时会通河的水源形势是南有余而北不足，所以柳林闸常闭，当逢水源北有余而南不足时，才开此闸以济南运。清初规定，自柳林闸北上的粮船积至 200 艘方可开放一次，过后即闭[126]。后者的启闭是根据南阳一带水量大小而定的。水大则在城闸需积满一百二三十艘，方可启闭。反之，则在城闸启板宜勤，船到一帮过一帮，使南阳一带运水不干涸[134]。

综上所述，明朝重选分水点，并在会通河沿线根据水源和运道地势情况度高低远迩置闸设坝，有组织调度启闭，不仅达到“势泄得宜，启闭有方”[135]，“互相阖辟，势入呼吸”[136] 的效果，极大地保障了运道的畅通，而且形成山东运河闸坝密布的标志性景观风貌，享有“闸河”之称。

除上述三点之外，明朝还在元会通河基础上进行局部改道，主要的有自戴村坝南、堽城新坝南修浚小汶河、新河，增加汶水入运供水渠道；景泰年间从张秋西接河沁交汇处开黄河分洪渠，以分黄济漕；弘治年间在东平至兴济的运河上开十二道减水闸分水至大清河（原济州河）入海泄洪；以及隆庆开南阳新河、万历开泇河避黄行运等以完善运河的景观格局，应对当时各种的水利问题。最终形成明朝山东运河以南旺为分水点，以汶泗水系和鲁中山地西侧诸泉为源，以运东湖泊为水柜储水，以运西湖泊为水壑泄水，结合闸坝启闭控制，储泄兼具的运河景观格局，并因沿线特有的闸坝密集，湖泉相连的景观风貌享有“泉湖”“闸湖”之美誉。

清朝山东运河的景观格局较明朝未发生改变。对山东运河的治理与维护沿袭明朝的方法和思路，疏浚泉源、维护闸坝、赖汶泗诸水和众湖泊水柜调剂，并进一步将重点集中于“泉湖相济，闸渠相协”景观格局下对运河运行的协调管理。据《治河方略》卷四《漕运考》论述："然河源之最微者莫如会通，黄水冲之则随而他奔，而漕不行，故坝以障其入；源弱而支分则流愈小，而漕亦不行，故坝以障其出；流驶而不积则涸，故闭闸以须其盈而启之，以次而进，漕乃可通；潦溢而不泄，必溃，于是有减水坝，溢则减河以入湖；涸则放湖以入河，于是有水柜，柜者蓄也，湖之别名也。而壅水为埭谓之堰，沙淤之处谓之浅，浅有铺，铺有夫，以时挑浚。”足见，清朝对山东运河进行以开源节流为核心，蓄、浚、防、泄兼施的管理运行方针。纵观清一代的治运活动，均依据上述原则进行，使清朝南北漕运畅通，保持了自明永乐年间起山东地区漕运不衰的局面。

## 本章小结

本章中，笔者在对黄淮地区（关东）人文地理环境和自然地理环境掌握的基础上，以黄淮地区运河景观格局为研究对象，对黄淮运河的历史沿革、格局特点以及影响运河稳定运行的关键要素进行了梳理与研究，得出以下三方面研究成果。其一，通过对不同历史时期全国整体经济格局的比较研究，呈现了伴随整体经济形势由东西格局向南此格局转变过程中，宏观上黄淮运河由关东关中间的东西走向，经过南端向东南延伸的过渡阶段，至最终确立为南北走向的历史沿革，形成了对京杭

大运河整体格局与历史都城分布关联问题具有一定价值的研究思路。对于以大运河作为线性遗产串联历史文化名城，构建联动式保护模式具有重要的理论意义。其二，通过对典型历史时期黄淮运河区域尺度下的景观格局进行对比，确定了运河所处区域的社会属性如功能、地位等与运河景观格局特点的内在关联，对区域尺度上黄淮运河所表现的多枝型格局、辐射型格局以及单枝型格局形成了较为深入的认识。其三，鉴于目前黄淮运河仅元明清时期的河网系统得以局部保留的现实情况，进一步对此三朝黄淮运河的景观格局进行比较分析，明确了运河沿线以汶河三角洲为界的上下两组湖泊水柜、沿线各州县泉源以及南旺分水三要素对于该段运河合理景观格局形成的深刻影响以及对于山东运河闸坝配合下“泉、河、湖紧密相连”特色景观风貌的塑造作用，对时下大运河山东段保护开发工作的实施具有深刻的指导意义。

# 第 5 章　王朝时期大运河淮河以南运段景观格局演变研究

淮南运河运道所经，在南宋黄河改道前南有长江，北有淮河，而黄河改道后形势变得极为复杂，南连大江，西有长淮，北有几近挟济泗之水夺淮入海的黄河，形成萃古所谓四渎者于一隅的格局。因此以宋朝为转折点，该运段运行所需水源在宋之前因区内缺少稳定且充足的自然水系流经或汇入而主要以长江涨潮潮水为源，依靠沿线湖泊补足调蓄，而宋之后则形成以淮水南泛入湖，再由湖水济运供水的模式。可见，湖泊对淮南运河稳定运行的重要性。在南宋之前，该区的主要湖泊有射阳湖、博芝湖、白马湖、津湖（山阳湖）、樊梁湖、陆阳湖、武广湖。到南宋后，由于黄河改道南下夺淮，淮水失去出路，横流泛溢，使上述散布在淮南地区的小湖泊群，逐渐合并扩潴，到明朝该地区则主要以洪泽湖、宝应湖、高邮湖、射阳湖、邵伯湖为主。其中，据《漕河图志》略记，宝应湖由白马湖、清水湖、汜光湖、洒火湖、津湖相接合并而成；而高邮湖则由新开湖、七里湖、张良湖、塘下湖、石臼湖、姜里湖组成。淮南运河因间多行湖中，又有湖漕之名。淮南运河在其自春秋直至清朝景观格局的演变过程中与上述诸湖的命运息息相关。

## 5.1　不同历史时期大运河淮江段的景观格局

### 5.1.1　春秋时期大运河淮江段的景观格局

春秋末期，吴王夫差战胜楚、越后，欲率军北上与齐、晋争霸，遂于鲁哀公九年（公元前 486 年）秋，筑邗城，开邗沟以通江淮[135]。其行经路线，据《汉书·地理志》江都县下注载："有江水祠，渠水首受江，北至射阳入湖。"《左传》杜预注：吴"于邗江筑城，穿沟东北通射阳湖，西北至末口入淮"。清乾隆《淮安府志》卷六写道："春秋时，吴将伐齐，于邗江筑城穿沟，曰渠水，首受江于江都县，县城临江，北至射阳入湖。"《水经·淮水注》对这段运河路线的记载则更为详细，写道："中渎水（邗沟），自广陵（今扬州）北出广湖东、陆阳湖西，二湖东西相直五里，水出其间，下注樊梁湖，旧道东北出，至博芝、射阳二湖，西北出夹邪（耶），乃至山阳（今淮安）矣。"

根据考古发掘和文献记载所证，春秋时的邗城在今扬州市北五里蜀冈上，邗沟在蜀冈下，沟水由城东南的今铁佛寺前屈曲向东至今螺蛳桥，再由湾头（春秋茱萸湾）北上[136]，然后穿过武广湖（又作武安湖，今邵伯湖）与陆阳湖（又作渌洋湖）间，注入樊梁湖（今高邮湖）。出湖后折向东北，流经博芝湖、射阳湖（约在今宝应县东，与淮安、建湖、兴化三市县交界处）后，复折向西北，由山阳县末口（今淮安新城北辰坊）入淮，形成引长江水为水源，由人工运道串联自然湖泊的景观格局。

### 5.1.2 西汉时期大运河淮江段的景观格局

西汉基本沿袭春秋时期夫差所开邗沟格局。但在西汉文帝至景帝年间(公元前179—前141年),吴王刘濞都广陵,为了开发沿海一带航运,在邗沟的基础上修建通海的邗沟支流,“汉吴王濞开邗沟,自扬州茱萸湾(今湾头)通海陵仓(今泰州)及如皋蟠溪”[137]。这条运道开淮南地区运盐河之始,开凿的目的是从当时的海盐产地如皋运盐至扬州,故又名运盐河。其虽在魏晋、南北朝时期淤塞,但其中湾头至宜陵段日后为隋开山阳渎所用,并自宋朝得以发展延伸,至明清则成为淮南地区西东走向的主要运道,也是今通扬运河的前身。

### 5.1.3 东汉时期大运河淮江段的景观格局

汉末三国时期,邗沟从射阳湖南,经博芝到樊梁三湖间淤塞难行。于是,汉献帝建安二年(公元196年),广陵太守“陈登穿沟,更凿白瀚,百里渡湖”[140],在春秋邗沟旧道西侧开辟新的运渠。即由樊梁湖开渠改道向北,下注津湖(又名山阳湖即后之界首湖),又在津湖北端凿新渠(白瀚),下注白马湖(宝应北十五里),再出湖北至末口入淮。改道后的东汉邗沟较春秋邗沟向西移,故前者亦称为邗沟西道,将春秋旧道简称为东道。

### 5.1.4 东晋时期大运河淮江段的景观格局

到了东晋穆帝永和年间(公元345—356年),由于江都以下水断淤浅,江都运口已不甚畅通,航运难行,遂改道向西将运口移到距离广陵六十里,今仪征市东北十里的欧阳埭入江[7]。这条线路即自仪征(古称真州)引江水入欧阳埭,由西东行,六十里至广陵,也就是今仪扬运河的前身。引江水的方法大概是涨潮时从埭上溢流或有水门开启,引入渠内;潮落时闭水门等使不能回流。东晋时期,邗沟西道上欧阳埭的出现标志着其从前朝简单以运道串联天然湖泊行运向以堰埭调补运道水位、水量的转变,邗沟渠化现象初现。另外,此时除了欧阳埭外,太元十年(公元385年),谢安镇广陵的步丘(今扬州北)还修建有召伯堰[139]。到晋末,召伯堰以南二十里还有秦梁埭,以北十五里还有三枚埭,再十五里有镜梁埭[140]。堰埭的修建,辅以疏浚维护,直到北魏,邗沟运道依然畅通。

### 5.1.5 隋朝大运河淮江段的景观格局

隋朝的建立标志着我国进入一段较长的稳定期。隋朝统治阶级为了加强对全国的掌控以及实现其从全国各主要经济区聚敛物资的愿望,开凿了规模空前的大运河,包括了“引沁水南达于河,北通涿郡(今北京市西南)”[39]的永济渠、“自板渚(今荥阳汜水镇东北)引河通于淮”[39]的通济渠、“自真州(今仪征东南)引水至山阳(今淮安)入淮”[141]的山阳渎以及“自京口(今镇江市)引江水至余杭(今杭州市)入钱塘江”[142]的江南运河。自此,淮河两岸由汴(通济渠)入淮,由淮入渎(山阳渎)的水网格局基本形成。大运河淮江段作为南北联系的枢纽其重要性开始提高,逐渐受到隋朝以及此后各朝历代的重视。

隋朝,文帝和炀帝在不同的社会背景下均对淮南运河进行了治理。隋文帝为了进军江南伐陈,于开皇七年(公元587年)夏四月庚戌,“于扬州开山阳渎,以通运漕”[141]。据《扬州水道记》记载,山阳渎,“盖自茱萸湾(今湾头)至宜陵镇,过樊汊(今樊川)入高邮、宝应山阳河,以达于射阳

湖"[143],西北至山阳(今淮安)入淮。换言之,山阳渎大体沿用吴王夫差时期的邗沟故道,区别在于山阳渎是从射阳湖南直下宜陵,然后利用西汉刘濞开凿的运河折西到湾头至扬州入江。隋文帝开山阳渎是在伐陈的背景下进行的,由于原邗沟故道经过南北朝时期的连年战争损害严重,进行修复需要较长时间,因此隋文帝借助春秋邗沟故道(邗沟东道)以及该地区盐场间的沟洫疏浚了山阳渎,在短期内实现江淮间的通航。另据乾隆《江都县治》卷四载:"山洋河,在城东北六十里,濒宜陵镇,一曰山阳河,旧通运沿河,南接江潮,北至樊汉达高邮界,相传即隋山阳渎也。"可推知,隋文帝所开山阳渎应是清朝及今三洋河前身。虽然山阳渎线路迂曲,航运条件不及邗沟,但其易于恢复,远离广陵,难以被陈军发现的优势使其成为隋文帝伐陈的首选。18 年后,隋大业元年(公元 605 年)隋炀帝开通济渠的同时,"又发淮南民十余万开邗沟,自山阳至扬子(真州)入江。渠广四十步,渠旁皆筑御道,树以柳"[141]。此时,全国已全面统一,隋炀帝在修建通济渠的同时疏浚达关中更为顺直的东汉邗沟(邗沟西道),其欲实现中都洛阳与江南经济区便捷联系的意图明显,也奠定了后代淮江段运河的规模。

隋朝淮南运河的最大改变发生在运道南端。如前文所述长江三角洲北岸平原是长江所携泥沙淤积逐渐形成的,这直接影响淮南运河引江口的位置,至隋朝引江口之所在已发生了明显的改变。早在春秋至西汉时期,长江是在扬州和镇江间入海,形成大喇叭河口,长江岸线在蜀冈南至泰州一线。据史料和出土文物显示,当时海浪曾直拍扬州蜀冈和镇江附近的象山、北固山麓。故在西汉郎中枚乘所写的《七发》一文中有这样的句子:"将以八月之望,……观涛于广陵之曲江。"由此不难分析,汉末之前邗沟的引江口大概在今扬州市东北蜀冈南缘湾头镇以南,亦与《淮安府志》卷六"春秋时,首受江于江都县"相符。但由于长江每年约携带 4 亿吨泥沙入海,加之海面波动和江水流向的变化,长江口形成的沙嘴不断东移,北岸岸线逐渐南移。前一节所述东晋"江都水断,其水上承欧阳埭,引江入埭"说明此时长江江滩淤涨,江岸南移的现象显现。且据后世资料显示,这种态势持续发展。在东晋至隋朝的二百多年中,长江北岸已由扬州蜀冈南移至距府城 20 里的扬子桥[144]。扬子桥成为隋朝淮南运河欧阳埭外的又一引江口,进入广陵的门户。综上所述,隋朝淮南运河南端的引江口南移 20 里至扬子津,但运河整体格局未发生明显改变。

### 5.1.6　唐朝大运河淮江段的景观格局

唐朝,黄河以南地区的经济水平显著提高,成为全国重要的经济区。连接长江与淮河的大运河淮江段作为江南物资北上,运至关中地区的水运要道,其地位显著提高。因此,唐朝除对隋运道加以疏浚外,还进行了一番改造,主要表现在两个方面:增补入江河段、疏浚塘陂;建立塘陂与运河的连通渠。

唐初,长江扬州段的江岸继续向南淤涨。至开元年间,瓜洲已与扬子镇并岸,扬子镇退处内陆,江的宽度从之前的 40 里,缩短为 18 里,故有"隋之前,扬子镇尚濒江,至唐时,江滨积沙与瓜洲相连"的记载[144]。由于扬子镇运口的淤塞,江南北上漕船必须自京口北渡绕道瓜洲之西端,迂回 60 里至仪征入运河,过扬子至扬州。鉴于船绕行江中,风涛多险,漂损船物,唐玄宗开元二十二年(公元 734 年),润州刺史齐浣开伊娄河,自扬子桥直通瓜洲运口,长 25 里,并在伊娄河南端立伊娄埭[7]。唐代诗人李白,为颂扬齐浣开伊娄河的功绩,在《题瓜洲新河饯族叔舍人贲》中写道:"齐公开新河,万古流不绝。丰功利生人,天地同朽灭。两桥对双阁,芳树有行列。爱此如甘棠,谁云敢攀

折？吴关依此固，天险自兹设。海水落斗门，潮平见沙汭。”京口与瓜洲（今镇江）隔江相望，北宋诗人王安石在《泊船瓜洲》一诗中“京口瓜洲一水间”的描写十分贴切。伊娄河的开通使从江南北上漕船出京口过江直入瓜洲，极大地减少了江中航行的距离，在一定程度上保证了航运的安全性。自此，仪征运河和瓜洲运河分担长江上游来船和从江南运河过江的漕船。

与黄河以北的华北平原不同，淮南运河所在的淮南地区不存在大的河流水系，而以分布于该地区的众多湖泊汇集盱眙至天长一代的山洪水涧，故自春秋修建始淮南运河便以其南端引长江水入渎为主要水源，但由于古代扬州南高北低的地势，水易流失，故淮南运段始终存在水源供给不足的问题。为了解决上述问题，唐朝不仅沿袭了前朝借湖行运，调补水位的景观格局，还在多处疏浚运道沿线以外的塘陂，并人工修建塘陂至运道的连通渠，引水济运。据《新唐书》卷五十三《食货志》载：“初，扬州疏太子港、陈登塘凡三十四陂，以益漕河。”陈登塘即陈公塘，在今仪征市东北 30 里。太子港为陈公塘下游引水渠道。至贞元四年（公元 784 年），淮南节度使杜亚开渠西引爱敬陂（即陈公塘）及句城陂（在今仪征东北 40 里）水，连淮子河，接济漕运。此外，另有雷塘分上下二塘（在今扬州市西北 15 里，唐江都县东 11 里），上雷塘上还有下新塘，三塘经濮子河与运河在湾头以北相连[9]。陈公、句城、上下雷塘以及小新塘，合称扬州武塘，在南侧与运道相连，济漕灌溉。

## 5.1.7 宋朝大运河淮江段的景观格局

隋唐沟通江淮的山阳渎在宋时被称为楚州运河，大体沿袭隋唐故道，但对运河北段进行了改造。

北宋建都汴梁（今开封市），京师粮食仰赖东南。大中祥符初，每年由江淮运至首都的漕粮达七百万石[145]。但是由于淮水湍急，山阳湾尤为迅悍，船只多有覆溺之患，史言“淮中岁失百七十艘”[146]。为了改变这种“风波覆舟，岁罹其患”[137]的局面，以确保漕运安全，据《宋史本纪》和《宋史·河渠志》等有关史料的记载，宋先后开凿了沙河、洪泽新河以及龟山运河，以此替代淮安至盱眙的淮河漕道。

宋太宗雍熙元年至四年（公元 984—987 年），“转运使刘蟠议开沙河，以避淮水之险，未克而受代”[146]。乔维岳继任后，即“规度开故沙河，自末口至淮阴磨盘口，凡四十里”[147]。沙河通航后，虽然避开了淮河山阳湾险段，但漕船仍需由淮阴过堰入淮，逆流而至盱眙，方得进入汴渠北上。北宋初年黄河尚未夺淮，还无洪泽湖形成。但经过黄河在太平兴国八年（公元 983 年）、咸平三年（公元 1000 年）及天禧三年（公元 1019 年）的三次南泛后[7]，已全面决溢入淮。此后，淮河水道沙量增多，河水外溢而扩为洪泽浦，导致淮阴溯淮河而上更加险恶。为此，马仲甫建议利用白水塘、破釜塘、富陵湖等小型陂塘开洪泽新河，自洪泽镇淮口起，下达磨盘口的沙河，长 49 里。至元丰六年（公元 1083 年），宋神宗赵顼，又令发运使蒋之奇遣民夫十万开“长五十七里，阔十五丈，深一丈五尺”[136]的龟山运河。该河位于龟山东侧，引淮口在今盱眙县北 30 里的下龟山下，与泗汴运口隔淮相通。河口未设堰闸，而“随淮面高下开深河底”使其水位与淮河保持一致，大大便利了出入淮运两河的船只。至此，沙河、洪泽新河和龟山运河上下相接，使漕船无须经过淮河正流，可从南岸经这些运渠到泗州对岸再北渡直抵泗州汴渠，极大地避免了长淮之险。《宋史》载：“龟山运河开通后的当年，江、淮、荆、浙“漕粟至京，比常岁溢六百二十万石。”[148]

南宋绍兴四年（公元 1135 年），金兵入侵淮南，毁真、扬一带闸堰。为防金人通航过淮入江，南宋又毁坏了陈公塘。之后南宋虽有浚河，但通航情况终不如北宋。乾道三年（公元 1167 年）宋开凿了自高邮过兴化抵盐城的运盐新河[149]。自此，盱眙、天长间位于淮南运河之西的诸湖之水既可借道运渠北上淮阴入淮，又可自高邮、兴化东至盐城入海，也可沿袭西汉邗沟支流故道自弯头经泰州海陵南至泰兴入江。由此可见，淮南运河在自唐至宋朝的历史过程中虽大体继承前朝以单向人工运道串联沿途湖泊的单一格局，但在入淮、通江等重点运段逐渐建立了运河与区内运道外塘陂间的沟通往来，局部形成环路，加之东西向运盐道的修建，淮南运河的水网体系初见形成。但至南宋晚期，受淮南更为激烈的战争影响，运河残破仅能勉强通行。

### 5.1.8　明朝大运河淮江段的景观格局

北宋黄河改道南徙，冲断淮河，夺淮入海。自此，淮南运河所经，南有长江，西有淮河，北有挟济泗之水夺淮入海的黄河，形成四渎汇于一隅的局面。面对一改前朝，情况极为复杂和特殊的水文背景环境，明朝以陈瑄和潘季驯为代表的古代水利学家纷纷提出具有针对性的解决方案，不仅有效地实现了保运的目标，更极大地推动了淮南运河系统的发展，从而亦形成了相应独特的景观格局。

淮南运河的南段，明永乐四年利用原西汉吴王刘濞所开的邗沟东行支流故道（今通扬运河的前身）开浚始于扬州，东通入海的运盐河。该运盐河河口在漕河东岸，江都县治东北 30 里的湾头，自河口东行 70 里至斗门入泰州界，又东行 160 里至海岸入如皋界，又东南 110 里至白蒲入通州界，又东行 80 里至吕四场[9]。此外，在该运盐河西段宜陵附近的北岸又开水口局部利用隋文帝所开山阳渎运道引水北流，与高邮运盐河相连，经兴化、盐城入海。又在南岸自西向东开凿白塔河和泰兴北新河，以作为漕船过江的辅助航路。白塔河为扬州至泰州运盐河自宜陵镇向南的分支，南行 45 里可达扬子江，因与常州附近孟渎河相对，故对岸江南两船可出孟渎河过江直入白塔河转湾头，达扬州，入漕河。北新河位于白塔河以北，为扬州泰州运盐河泰州分支，南行与鸭子河相连转入泰兴新河，其南正对武进县德胜河。宣德六年九月浚白塔河时，武进县人曾奏，“县有新河四十余里出江正对泰兴新河，入河至泰州坝，转入运盐河，再行一百二十里至扬子湾入淮南漕河”[9]，其便捷性可见一斑。之后，明朝又相继在淮南运河南端开凿了金湾河、芒稻河以及沙河等。

淮南运河北段亦有多条新凿支流出现。洪武九年，明淮南知府姚斌主持修建了自淮安府城南转向东，又转向北至新城，东北过仁字五坝，西北由淮安、满浦二坝通淮的菊花沟，又名涧河。该沟东注射阳湖，且可通东方诸乡及州县米薪等商货，故又名柴米河，在明洪武时为通淮要道[150]。此外，还疏通了始自宝应县界，东通射阳湖，东南通盐城、兴化等处，分引漕河涨水的泾河、黄浦河等。

淮南运河入淮河段是明治理淮南运河的关键。陈瑄主持开凿的清江浦工程当为其首。永乐十三年（公元 1415 年），此时海运罢，江南漕船至淮安，必须在山阳新城盘坝过淮，然后逆水西行 60 里至清河口过淮。故时为平江伯的陈瑄经过探寻勘察，吸取淮安故老的建议“淮安城西有管家湖，自湖至淮河鸭陈口仅二十里，值清河口，可开河引湖水入淮通漕”[9]，借助北宋乔维岳所开沙河故道为渠，在山阳城西马家嘴引管家湖水，东北通鸭陈口入淮，并缘管家湖筑堤十里以引舟。淮口置移风、清江、福兴、新庄四闸，以时启闭[76]。至明末的万历年间，由于黄河河势再次改变，据《明史·河渠志》及清乾隆《淮安府志》载：万历十年（公元 1582 年），都漕尚书凌云翼鉴于“清江浦河堤，夹邻黄河，迩来水势南趋，恐黄河决啮，运道可虑”，为避清江浦之险，“乃自浦西开永济河四十五里，起城南窑湾，历龙江闸经杨家涧至武家墩，折而东，仍合通济闸出口”。永济河成，“至是漕河就治，淮、扬免水灾者十余年”，工程效益显著。

明朝时期，因黄河夺淮入海，淮河失去出路，乱流泛溢，故淮南运河西侧诸湖自宋起开始合并扩潴，至明朝湖面甚广。若遇西风陡起，湖中浪高风疾，覆船情况屡屡发生。鉴于水文环境的明显变化，明朝先后沿淮南运河西侧修建数条运道，使漕船可以避过风浪，越湖而过。弘治三年（公元1490年）三月，工部侍郎白昂以高邮新开湖舟行多险，南起高邮城北三里杭家咀，北至张家沟长镜湖，长三十里，广十丈，深一丈有奇。两岸壅土桩木，砖石如河岸，首尾有闸与湖通。东岸又为闸四，涵洞一，以减湖水异涨，名曰康济河[7]。万历十二年（公元1584年）九月，当时总漕李世达鉴于宝应湖“诸湖中最湍险者也”[127]主张效仿高邮湖开月河以避险。于是由王廷瞻主其事，“自宝应南门外至新镇之三宫殿（今汜水镇北四里）延袤三十六里，南北置闸，东堤建滚水坝，即今宝应至界首运河”[151]。该工程在转年八月竣工，计“凿渠一千七百七十六丈，为石闸三，减水闸二，石堤三千三十六丈，子堤五千三百九十丈”。河成，“诏自褒嘉，赐河名宏济”[152]。又万历二十八年（公元1600年），“挑邵伯月河，长十八里；又挑界首镇月河，长一千八百八十九丈七尺，各建南北石闸二座”[137]。

不难看出，明朝面对突出的水文环境变迁采取了一系列措施，极大地促进了淮南运河水网系统的健全。从之前运道串联湖泊的单一格局转而形成南端多点（自西而东有仪征港、瓜洲港、白塔河运口、庙港、马甸港）通江，北段减水河（自北而南有菊花沟、平桥河、泾河、黄浦河等）密集，运河主干西侧沿途月河（自北而南有宝应湖东岸的宏济月河、界首湖东岸的界首月河、高邮湖东岸的康济月河以及邵伯湖东岸的邵伯月河）踵连，东侧东西向运盐河（高邮达盐城的运盐河、扬州至如皋的运盐河）通海的景观格局。

### 5.1.9 清朝大运河淮江段的景观格局

清朝，黄河仍夺淮入海。康熙十五年，“黄、淮并涨，奔腾四溃”，淮南运河深受河患威胁。乾隆二十二年弘历“近日运河之水，患其多，虞其少”正道出北宋黄河改道后淮南地区水文环境变迁的根本，以及淮南运河稳定运行所面临的关键问题。在此之前，淮南运河长患水不足，故串联湖泊以为水柜，补漕水之不足。但自黄河夺淮之后，淮南运河所在地集淮、黄、长江和泗水于一隅，运河常面临洪泛威胁，此时蓄滞纳洪成为运河沿线湖泊水柜的主要任务。伴随黄淮的数次泛溢后，淮南地区之前诸多小湖泊散布的格局被打破，转而成为洪泽湖、宝应湖、高邮湖以及射阳湖四个大型湖泊分据的局面。虽有湖泊存在，但势必不能尽储来水，若湖泊宣泄不畅，必会对运道产生巨大威胁，尤其依傍运河西岸的宝云、高邮二湖。故自清顺治起，始将“坚束畅通”作为清治淮南运河的基本思想。至雍正，监察御史夏之芳曾提出五条建议：“一，分黄导淮，黄河病淮阻运，应开支河分减黄流；二，浚黄河海口，疏通沙淤；三，湖水坚束畅通，广开引河，筑堤修治淮口；四，并疏支河，山阳以下，高宝以上入海支河应浚深广，宽筑水闸，使水由射阳湖，迅通入海；五，淮水由运入江入海之河闸应挑挖畅通，盐运河道应统一归河官管理[9]”。故雍正期间，淮南运河的治理集中于运堤上减坝的修建、运西湖河的疏浚及运东泄水河道的开凿或疏浚。至乾隆时期，此类工程更多。经过清数朝努力，淮南地区以淮南运河为主干，局部借月河行运，上承西岸湖水为源，下连东岸支渠泄洪，邵伯以北者皆归海兼营盐运，邵伯以南者皆入江兼营江南物资漕运的格局已十分稳固、成熟。

本节将按照淮南运河西侧、东侧以及入江口段水利功能的不同分述与淮南运河网络系统运行相关的各主要干支流。

**1. 淮南运河以东各州县泄水入海河道** [9]

1 )山阳县境

泾河:在运河东岸,由射阳湖东北入海。

涵洞河:在运河东岸,13 涵洞之水从溪河入射阳湖。

北溪河:在运河东岸,承涵洞各渠之水入射阳湖。

南溪河:在泾河闸南 10 里,半属宝应境,即黄浦溪,东入马家荡、射阳湖。马家荡为射阳湖的一隅。

2 )盐城县境

新官河:在城西 75 里,由大纵湖东北流,出天妃口,为东西界河,在城西南 100 里与兴化分界。自大纵湖东至刘庄闸,出斗龙港入海;又自冈沟入串场河,出石达口入海。

南串场河:在城东南 2 里,水自泰州海安坝至刘庄场入盐城境,出石达口入海。盐城县内西南一带的支河俱入以上三河。

东上官河:在城西南 60 里,南接兴化,由界首入,合西官河,至泾口入新官河。

纪家港河:东南自兴、盐界起,东至串场河。

西官河:在城西南 50 里,上接湛沟河,合流入东官河。

北串场河:在治西北 3 里,水由汉河分支,经新兴场,绕范公堤,东北流 70 里至阜宁县入射阳湖。

东塘河:在治西北 50 里,西南接西盐河水,西北入射阳湖。

西塘河:在治西北 90 里,由沙沟北流会东塘河,入射阳湖。

马家荡:在治西北 100 里,水在山、宝、盐三邑分界处入射阳湖。

西盐河:在治西北 80 里,由西塘河黄土沟入口,东北入东塘河。以上三河一荡,俱入射阳湖入海。盐城县境内西北一带支河又俱入此三河一荡。

廖家港:在治西北 60 里,水自东塘河东流至上冈镇,入北串场河,出范公堤。

草堰河:旧名院道港,在府治西南 25 里,水由东塘河东北流,至草堰口入北串场河,出范公堤。

新洋港:在县北门外 2 里,承天妃、石达两路之水,东会斗龙港入海。以上两港一河,均在范公堤东,为入海水路。

3 )阜宁县境

串场河:在射阳湖南岸,北通射阳湖,南接盐城北串场河。其东有陈家冲闸河,注野潮阳入海,有分支入射阳湖。

4 )宝应县境

黄浦溪:在县北 20 里,即南溪河,东入射阳湖。

蚬墟荡:在县东北 40 里,南通火盆荡,西入马家荡,入射阳湖。

火盆荡:在县东 35 里,南通獐狮荡,西北接黄埔溪,由东而北入马家荡。

獐狮荡:在县东南 40 里,南通广洋湖,西接城子河,由东而北入马家荡。

广洋湖:在县东南 50 里,南通子婴河,西接潼河,泄运河水,东北会三王沟入射阳湖,东南通沈垛港。

三王沟:在县东 60 里,西南通广洋湖,中贯箕山,东北入射阳湖。

子婴沟:在县南66里,西接运河,北通广洋湖,南达洋马荡,入海陵溪河。海陵西自泰州北界,由南而北至宝应。子婴闸在宝应,东泄之水则在高邮境。

5)高邮州境

洋马荡:在州东北15里,即清水潭上游。南有支河通运盐河,北通子婴河。西接运河水,东通沙母荡、马奔荡入海陵溪河。

沙母荡:在州东北45里,南有三沟通运盐河,北通子婴河,西通洋马荡,东达马奔荡入海陵溪河。

运盐河:又名闸河。南有七支河通总澄子河,北通洋马、沙母、马奔三荡,西通市河,东达海陵河。河之南为南上河,河之北为北下河。

澄子河:一作城子河。西有南北二河通高邮三坝之水,北通运盐河,南有茭丝沟等水通泰兴港,东达海陵河,

茭丝沟:在州东25里,南通泰兴港,北通澄子河。

泰兴港:在澄子河以南,西承运河闸涵之水,东入海陵河,南通渌洋湖、逍遥河,北通泾子河。

渌洋湖:在州南30里,一作陆阳湖,西接运河,东通逍遥河、纪家河,南通茭丝湖,北通泰州港。

海陵溪河:在州东北70里,自泰州界北经兴化、宝应、高邮界,北接子婴河等诸湖荡及运盐河。

6)甘泉县境

塞湖:在城东北50里,似即荇丝湖,西承昭关坝水,南入艾陵湖,北通渌洋湖。

艾陵湖:在城东北45里,西接运河,东南入孔家渌河、盐河、东北通山阳河。

山阳河:在扬州东北60里,北经高邮州东,又北入运盐河。

7)兴化县境

大纵湖:在县西45里。盐城南、山阳、宝应之北,有湖自北而南为马家荡、九里荡、大纵湖、蜈蚣湖,随地异名,实皆相连。在兴化境内的,西通獐狮荡、广洋湖,东通兴盐界河,南通平望湖,西南通海陵溪河。

平望湖:在县北20里,南通护会荡,北通平望湖,西通海陵溪河。护会荡,一作乌巾,在县西半里。西通海陵溪河,东通北官河,与大纵等湖汇为一河,东北出虾须沟,出射阳湖入海。

得胜湖:在县东10里,即率头河,西通运盐河,东通车路河,南通棋盘荡。

棋盘荡:在县东13里,达盐河,东南入梓新河。

东塘港、西塘港:在县东60里,南抵东台蚌蜒河,北抵兴盐界河。凡穿盐河东注范公堤之水,皆穿此河下达。

串场河:在县东120里,沿范公堤,经各场、北至盐城南串场河。

以上为兴化县境南北横亘之河。以下接东西河,上接西水,东出范公堤入海。

兴盐界河:在兴化东,入场河。

海沟河:在县东北40里,西达运盐河,东入场河,出范公堤的白驹、一里墩及北中四闸。以上七闸及南面的苇子闸各引河汇入斗隆港,东北入海。

白途河:在县东10里,西达盐河,东入东台串场河,出范公堤小海闸,闸下引河由王家港入海。

车路河:在县东30里,西经得胜湖通运盐河,东南入东台串场河,北出范公堤丁溪闸,闸下引河通古河入海。

梓新河：在县东南 15 里，西达得胜湖，东南入东台串场河，北流出范公堤丁溪闸入海。

蚌沿河：在县南 35 里，西接亭陵镇泰州界，东下 120 里，入东台境串场河。

8）泰州境

运盐河：扬州以东最大的河口。在泰州境，可分为三支：一西运河，自湾头东下，经州西 25 里斗门镇入境，即吴王刘濞所开的古河；一南运盐河，东南入泰兴、通州以及各盐场入海；一北运河，自州北通十二盐场，为串场河，于兴化、盐城、宝应境通各支河，如西溪、海陵溪等。

9）东台县境

梓新河、蚌蜒河：分属兴化、东台两县。运盐河，即泰州的北运河，为各盐场运盐总汇。西南通泰州 120 里，西抵邵伯 180 里；一出孔家涵，由闸抵府城 270 里。

串场河：以范公堤为堰，汇聚诸水。自海安徐家坝起，北经富安场，安丰、梁垛二场至县城。又经河垛场入海道口，为串场、蚌蜒、新梓河门户。自丁溪、草堰、白驹、刘庄、伍佑各场至盐城县 160 里。更北由庙湾至阜宁县 160 里，承运河以下蚌埠、梓新、车路、白涂、海沟界河之水由丁溪、小海、草堰、白驹、青龙、八灶、大团、石达、天妃正月各闸入古河口、王家港、斗龙港、新洋港、射阳湖等海口入海。历十一盐场，兼有灌溉之利，排七州县积水等。自河垛至富安为南串场河；自庙湾射阳湖南岸入口，经盐城至河垛为北串场河。

大尖河：又名三汊河，县南 25 里。

**2. 运河与盐河交接处的干支流**

归江七引河：均位于运盐河南。

人字河：上承金湾北中新三坝下注之水，汇为一河，至芒稻闸北达运盐河，以两河相接如人字形而得名。河穿运盐河入芒稻、闸正月两闸至闸下。再南有董家沟水注入，同达于江。

董家沟河：上承金湾旧坝下注之水，穿运盐河下至朱公桥，长 620 丈，入芒稻河归江。乾隆八年，鉴于淮水归海、归江水道，归江近而海远，且淹及下河，归江水道向芒稻河及泰州运盐河分流。计划于东西湾添建滚水坝两座分引；于盐河对岸湾头之下的董家沟之上加挑石羊沟引河；河头建滚坝以接东西湾二坝之水；并将凤凰桥下引河及壁虎桥下廖家沟俱挑深，归石羊河入江。董家沟河太短，应将河尾接开加长，自为一河入江。后挑朱公桥以下新河，泄水入江。再于芒稻闸之下、仙女庙以上的泰州河开月河接入金湾河内；再于金湾闸上添建宽大石闸，使盐船从此绕出。

石羊沟河：上承东西湾坝下泄之水，穿运盐河。乾隆八年由盐河对岸挑河，长 3 367 丈，导引至沙河港入江。

廖家沟河：上承凤凰、壁虎各桥下泄之水，穿运盐河下泄。河长 930 丈，入石羊沟河通江。

秦塘河：在芒稻河东，长 4 440 丈。潜孔八年疏通，分泄金湾闸注入运盐河之水，下通于家桥张纲沟镇、万寿桥归江。

白塔河：长 5 400 丈，分泄湾头闸运盐河涨水，下达刚王庄、焦家荡、大桥镇归江。

百汊河：长 3 345 丈 5 尺，分泄运盐河涨水，下达吴家桥至泰坝，汇入白塔河归江。

仙女庙月河：在盐河北，长 663 丈 5 尺，至邓家渡入金湾河。乾隆五年开，二十三年复挑宽深，令盐船由此北出金湾北闸。

孔家涵河：在盐河北，为盐城、阜宁、兴化三县及上下舟楫通行要津。乾隆三十八年于河身之南的近盐河处建一石闸，金门宽 2 丈 2 尺，两墙各高 1 丈 2 尺。按时启闭，蓄运盐河水，不令多泄闸。

由盐商捐建，归芒稻闸官管理。

**3. 运河南端入长江口的干支流**

运河自湾头镇稍折向西南流，经扬州城东北，绕城东而南至扬子桥三汊口，分两支：一支为西南流，过仪征县东又分为两支，一南流至旧江口入江，一西南流至下江口入江，为上江运粮入河之口；另一支南流经瓜洲城西南入江，为江南粮运入河之口，南对江南之京口。

运河西岸扬州城北有柴河，明末自柴河口引运河水绕城西，折而南，连宝带河后再入运河，长16里，又名保障河，为扬州城内运河。另有分支穿扬州城名市河，在城南入运。运河在扬州城南折西为宝带河，又西南为新河。又转折而西南至三汊河，再西南有乌塔沟，得勾城塘水流入。再西南有太子港，引陈公塘水入河，此为唐朝所开的引水故道。又西南至仪征县，经四闸入江。

运河东堤自扬州城东北起，经城东关对岸处，有沙坝河入江，又稍转西南有扬子桥水入江。又西南至三汊河，旧有闸头，河分一支，东南经瓜洲城南入江，干流稍西南经由闸关，南流入江，是为瓜洲运口。又自三汊河西南行经仪征境等闸，西南入江，是为仪征运口。

**4. 洪泽湖东连宝应高邮诸湖的连通渠道**

洪泽湖承淮河来水，向东有连通宝应高邮诸湖的泄水渠道，使水可经运河东侧渠道，迅通入海。洪泽湖高家堰东侧泄水渠道自北而南有入白马湖的唐家涧、青州涧、浔河、草子河，入宝应湖的唐曹河，入高邮湖的三河。

综上所述，面对黄河夺淮，淮水无出路的水文地理环境，明清两代通过在淮南地区大力开凿疏浚东西向连通渠，积极建立起湖泊与湖泊间、湖泊与运道间以及运道与江海间三个层面的沟通。这一方面使得区内洪泽、宝应、高邮诸湖作为水柜的调蓄能力伴随各级连通渠的贯通得以有效发挥，缓解区内黄淮水患的压力，保障运道安全；另一方面，极大地改善了区内水网系统的连通度水平，兼营灌溉之力的同时显著改善了运河的通航效率。淮南地区以运河为主干，大型湖泊为水库，支流辅助运行的网络景观格局全面呈现。

## 5.2 淮南地区运河景观空间格局演变的定量分析与研究

淮南地区运河在自春秋到清朝漫长的历史过程中，分别在人文地理环境和水文地理环境两个方面经历了重大的改变，对其整体景观格局的演变产生了深远的影响。

### 5.2.1 人文地理环境变迁对淮南地区运河景观空间格局的影响分析

以隋朝为转折点，我国的人文地理环境发生了重大改变，并突出表现在两个方面。

其一，全国从分裂割据局面向大一统格局发生转变。在隋朝以前，中国仅秦汉两代经历了短暂的统一，绝大部分时期均以诸侯割据，战乱四起为社会环境的主流。从春秋五霸、战国七雄到三国鼎立乃至五胡十六国魏晋南北朝，全国各地分区而治，其间虽淮南、江南、关中以及华北等地均有运河出现，但都以满足区内联系为主要目标，宏观地理上各区段间运河的联系明显不足。隋朝在时值中国封建社会进入强盛期的背景下确立了我国第二个全面统一政权，为了全面贯彻封建统治阶级“中央集权”的核心政策，建立着眼于全国政治经济格局，连接全国主要地区的运河水运网络系统成为统治阶级的迫切需求。为此，在隋乃至之后的唐宋明清诸朝，统治阶级或积极修建连通政治中

心与经济区的运河，或在前朝运河的基础上对已有运河进行大力疏浚和改进。在这种人文地理环境下，那些起到沟通全国政治、经济中心功效的运河，其地位显著提高。封建统治集团集全国之力对相关地区运河的修建，也使之进入了全新的发展阶段。

其二，我国经济重心在隋朝基本完成了由北向南的转移。长江中下游流域及其以南地区在春秋战国到魏晋南北朝漫长的历史过程中逐渐摆脱了蛮夷之地的称号，至隋朝，经济重心南北移位的态势明显，并确立了南方在全国经济中首屈一指的地位，迄今为止仍然稳固。

在自春秋至东晋一千多年的历史中，长江中下游流域的经济发展水平始终不及黄河中下游的关东及华北平原。西汉、三国时期关东以鸿沟为中心的水运系统以及华北平原以白沟—清河为主干的水运系统已初具规模，而淮南、江南地区运河仍呈现单向、区段式连接形式，这种差异从一个侧面反映出地区经济发展水平的高低。

战国至西汉，长江中下游流域及其以南地区基本上尚未开发，自然生态环境还保有原始面貌，社会生产力水平极端低。司马迁《史记·货殖列传》中根据经济与社会发展水平的不同，将此时全国分为四大地区，即山西、山东、江南、龙门碣石北。山西、山东，系以太行山为界，山西即关中平原（泾渭流域），山东即黄河中下游平原，江南指长江中下游平原及其以南地区。而此时江南最为落后。"楚越之地，地广人稀，饭稻羹鱼，或火耕而水耨，果隋蠃蛤，不待贾而足，地势饶食，无饥馑之患，以故呰窳偷生，无积聚而多贫。是故江淮以南，无冻饿之人，亦无千金之家。"可见，战国至西汉长江中下游流域及其以南地区，生产力水平还极端低下，基本上仅停留于原始经济阶段，以火耕水耨为主要农业耕作方式，以采集和渔猎作为谋取生活资料的重要手段。显然，这与已是"沃野千里""颇有桑麻之业"的黄河流域是无法比拟的[105]。

东汉后，在某些地方官吏积极推广北方先进农业生产技术的契机下，长江中下游平原及其以南地区进入局部发展阶段，进而亦使江南少数地区的社会经济有了一定发展。如东汉，调任庐江太守的王景见百姓不知牛耕，乃教用犁耕，率领吏民，修起荒废，"垦辟倍多，境内丰给"[153]。任廷在九真"乃令铸作田器，教之垦辟。田畴岁岁开广，百姓充给"[154]。不难想象，在牛耕、铁犁的使用及其推广下，必然带动该地区冶铁业的发展。以桂阳郡耒阳县太守卫飒"乃上起帖官，罢斥私铸，岁所增入五百余万"[155] 可知，该地冶铁规模的发展。

人口数量的增长是反映一地经济发展的重要指标，亦能在一定程度上标志社会生产的广度和深度。东汉时，江南六郡的人口数量已较西汉提高了近六倍半。但反观黄河流域，除个别地区外，此时已出现人口普遍减少的趋势，尤其是在位居全国政治中心，经济与社会发展水平一直处于领先地位的关中地区，人口竟锐减了五分之四[152]。南北两地在人口变化趋势上相异，暗示两个地区经济与社会发展动向的不同。

需要强调的是，尽管东汉长江中下游地区的社会经济面貌确实发生了积极变化，但其发展程度还有很大的局限性。总体而言，仅是在沿江滨湖地区出现了几个互不相连的发展点，其余大部分区域仍处于落后状态，东汉王朝对于江淮地区仍不重视。

到了三国时期，三国鼎立战略格局下，孙吴于江东立吴国，使淮南地区一跃成为与曹操统治的黄河流域相抗衡的新的政治中心，其在全国政治地理格局中的地位得到空前提高。吴孙权为了提高发展自身的军事实力，以实现灭曹伐蜀的军事目标，快速发展较黄河流域远远落后的江东地区的经济水平，使之成为其安邦立国的根本。生产技术的提高以及劳动人口的增加是当时推动经济发

展的两大主要因素。因此，吴国一方面通过采取屯田制、世袭领兵制、奉邑制[152]等鼓励大族世家驱使士卒劳役、佃客奴婢耕种国有土地，增加参与耕种劳作的人口数量，一方面大肆吸引甚至掠夺曹魏人口携当时较为先进的农耕技术过江。上述举措取得了很好的收益。在三吴(吴、吴兴、会稽)所在的太湖平原与杭州湾地区，丹阳郡的建业附近及其相邻地区，江夏郡、南郡所在的汉江平原，豫章郡所在的鄱阳湖及赣江流域、邵陵诸郡所在的洞庭湖及湘资沅流域，其经济均得到一定发展，各区新的经济发展点鳞次栉比，甚至在三吴、丹阳等地连接成具有一定规模的经济发展片区。综上所述，经过孙吴的努力经营，长江中下游地区得到了局部发展，而太湖平原及相邻地区更是"带甲百万，谷帛如山，稻田沃野，民无饥岁，所谓金城汤池，强富之国也"[156]，更为三国后期吴国战胜蜀汉奠定了经济基础。但不得不承认，此时长江中下游地区虽由前朝经济发展点的分散布局推进至点线式布局，但黄河流域在经济上仍位居其上，继续保持优势。

西晋灭孙吴，但在短短50年的执政期间，"八王之乱"持续了16年之久，与此同时内迁少数民族军事贵族起兵反晋，在黄河流域内展开了争夺北方统治权的血战，对黄河流域造成了空前惨重的破坏。在北方人民的生命财产已得不到起码保障的恶劣情况下，离开故土，逃亡异乡成为其不得已的选择，在我国历史上形成了空前的移民浪潮。"持续多年，高峰迭起，规模可观"[152]成为西晋时期北方人移民潮的突出特点。

北方移民浪潮始自西晋元康八年(公元298年)，历经东晋一代，一直持续至刘宋大明八年(公元464年)，历时160余年之久，先后出现了六次高潮，分别是：

(1)西晋元康末年，向梁益地区迁移；

(2)西晋永嘉年间，向淮南地区迁移；

(3)东晋成帝咸和初，移民大批过江，"乃于江南侨立淮南郡及诸县"，主要分布于"晋陵郡界"；

(4)东晋孝武帝太元八年，移民居江汉平原以及汉中、巴蜀一带；

(5)刘宋文帝元嘉二十七年，淮北移民再次南移过江；

(6)刘宋明帝泰始年间，黄河以北诸州百姓大量移居江淮[152]。

可见，北方人口主要南迁于江淮一带，即淮水、汚水一以南，特别是长江以南。根据谭其骧先生的《晋永嘉丧乱后之民族迁徙》以及梁方仲《中国历代土地田赋人口统计》，在南渡人口中，移居江苏省最多，约达26万。

始自西晋的北民南移，一方面带来了大量劳动力和先进的农耕生产技术，在农业方面有诸如施肥、选种、适当种植、田间管理、代田法、区种法等丰产手段，在手工业方面有诸如铁的冶炼、铸造、热加工、炒钢以及平纹织绢纱技术、单色提花绮罗技术等。江、湖、塘、埭、陂、渎、渠等水利工程亦在江南平原及丘陵地带大量兴建起来。先前"火耕水耨"的原始耕种方式逐渐被精耕细作所取代，并开始采取轮作复种制。另一方面，也促进东晋南朝政府实行若干适应当时形势需求的政策和措施，如实行白籍免课制度，即对北方移民使用不同于当地居民的白籍登记，并免征课役，以进一步吸引北方劳动人口的南移。再如设立侨州郡县，以安置南渡的中原士族官僚，让其继续担任各级官职享受种种封建特权，也便于士族地主阶级和政府以乡里宗族关系所形成的移民聚落，组织扩大生产等[154]。由此可见，北方人民迁居南方后增加的大量廉价劳工力，引进的先进生产技术以及形成的较以往更为有效的社会生产组织形式对长江中下游平原及其以南地区经济的快速发展起到了突出

的引发、扩大与催化的重要作用。

长江以南地区经济发展态势继东晋南朝后保持持续增长态势，并最终在隋朝全国进入第二次全面统一局面后，在社会生产力水平、经济发展水平以及土地开发利用程度等方面均超过了因屡遭战争摧残而不断衰败的北方，从而占据绝对优势，完成了我国经济重心的南移。

童超在《东晋南朝时期的移民浪潮与土地开发》一文中认为，我国封建社会前期长江中下游平原及其以南地区的经济发展和土地开发大体经历了四个阶段。第一个阶段，战国到西汉时期，长江中下游平原及其以南地区基本上未开发，自然生态环境保持着原始面貌，社会生产力水平极其低下，其经济与社会发展程度比相同时期黄河流域低得多。第二个阶段是东汉至三国西晋时期，呈现局部开发态势，个别地区向黄河流域的水平靠拢，但就整个地区而言还仅是点线式的分散状态，多数地区还维持在相当落后的状态。第三个阶段是东晋南朝时期，在西晋至东晋长达 160 年北方移民潮的契机下，长江中下游平原，特别是荆、扬二州得到全面发展，社会经济发展的综合水平已接近黄河中下游平原，全国经济重心南移态势显现。但在这段时期内，区内的经济发展地尚未形成大面积的经济发达片区。相比长江流域同黄河流域在经济与军事力量方面的情况，后者仍略胜一筹。第四个阶段，自隋唐五代后，并持续至今，长江流域的经济发展水平已明显超过北方，占据明显优势，经济重心南移格局形成。

伴随长江中下游流域及其以南地区经济发展水平的显著提高，并最终在隋朝完成超过北方，成为全国首屈一指经济腹地的重大转变，隋朝乃至后世各代的统一王朝对该区域均给予了相当的重视。统治集团一方面面对需要长江中下游流域向居于北方的政治中心提供充足物质资源的实际情况，另一方面揣着经济富庶之地与政治中心相距甚远，深感鞭长莫及的忧虑，建立并维护通达都城所在的北方地区（隋唐时期为关中地区，元明清三代为华北地区）与长江中下游流域的运道，并保证其畅通、便捷和可持续性成为隋及其后各朝历代亟须解决的重要问题。在上述人文地理环境的巨大变化下，淮南地区因生产力水平和经济发展态势至隋已具有了相当的水平，从而淮南运河以隋朝为转折点经历了从局部地区水利单项建设工程到承担国家政治与经济重心畅通相连这一战略高度的转变。图 5-1 中所示的淮南地区运河景观连通度指标变化趋势显著反映出上述转变对淮南运河水系的影响，表现为从春秋、西汉、东晋时连通度水平较低的持续低迷到隋朝至清代淮南运河大发展的跨越，淮南运河水系景观格局日趋完善。更为具体地说，即由早期运道串联池藻的单向格局发展为“漕湖通引，交渠绮错”的河网化格局。因此，下文在进行水文地理环境对淮南运河景观格局演变的影响分析时，将以隋朝为分界点分为“春秋至东晋”和“隋朝至清代”前后两部分进行阐述。

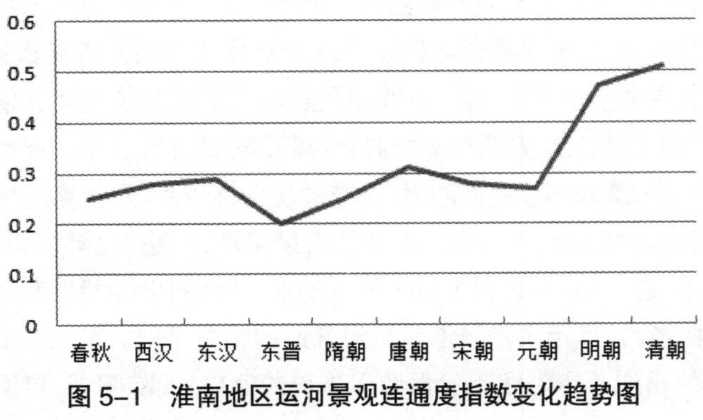


图 5-1　淮南地区运河景观连通度指数变化趋势图

### 5.2.2 水文地理环境变迁对淮南地区运河景观空间格局的影响分析

#### 5.2.2.1 隋朝以前水文地理环境变迁对淮南地区运河景观空间格局的影响分析

从图 5-2 中可以看出，从春秋到东汉时期，淮南地区运河的景观连通度值未有明显的提高或降低，基本呈持平态势。从整体水平看，整个阶段淮南运河的景观连通度值一直保持在 0.30 以下，表明在此期间该运段的网络化格局尚未形成，始终处于孤立运行状态。造成这一局面有如前文所述的人文地理环境方面的影响，同时也是当时水文地理环境的局限性所决定的。

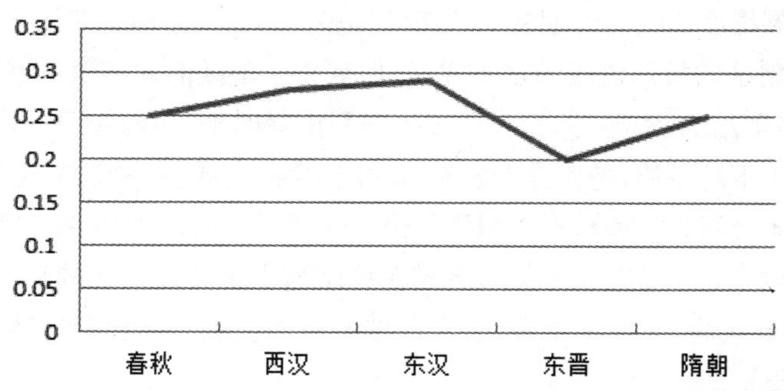


图 5-2 隋朝之前淮南地区运河景观连通度指标变化图

在人文地理环境方面，如前文所述，隋朝之前淮南地区生产能力、经济水平低下，淮南地区在全国经济战略格局中的作用甚微，这两方面在很大程度上决定了统治者对运渠的建造投入和关注不足。运渠始终呈单向点对点的连接，不具备网络化格局。

在水文地理环境方面，淮南运河所在区一直没有稳定且规模较大的水系流经或汇入，运河运行所需水源自春秋战国乃至北宋主要依靠长江涨潮时潮水过江口补足运道需水，故在此期间该运段一直受到水源不足且极不稳定的困扰。而且隋朝之前的很长时间长江中下游流域的生产力水平极其低下，开凿长距离渠道另选水源或修建起调蓄作用的人工水利设施的能力还远不具备。但散布于淮南地区的诸多湖泊为封建社会早期，当时生产能力、技术水平极其落后条件下淮南运河的开通创造了机遇，提供了难得的必要条件。串联在运道中的天然湖泊一方面可对运河起到调补水位的作用，即在长江潮水过多时蓄滞洪水，在潮水不足时补充运道需水量，另一方面还可以极大地缩短人工运道的开挖长度。由此可见，区别于华北地区的白沟运河，在春秋至隋朝的历史阶段内湖泊对淮南运河而言至关重要，也因此淮南运河又有“湖漕”的美誉。针对春秋至隋前，淮南运河景观格局尚未具备网络化，但巧妙利用了当地的自然条件具有“借湖行运”的突出特点，笔者以淮南运河沿线起调节水位作用的湖泊斑块间最长与最短渠段的长度比为指标表征该运段“渠道串联湖泊”单向景观格局的合理性并进行分析。湖泊斑块间最长与最短渠段长度之比值越大，说明湖泊在运河沿线分布越不均匀，对运河水量的调节能力越差，景观格局有待改善。反之，则说明湖泊在运河沿线分布越均匀，对运河水量的调节能力越强，调节的灵活性越高，景观格局更为合理。

春秋战国时期，邗沟沿线的湖泊自北而南主要有射阳湖、博芝湖、樊梁湖、武广湖以及陆阳湖。战国时，射阳湖与博芝湖合，总面积达到 1 152 平方千米，途经的樊梁湖也有 324 平方千米，上述诸湖具有一定调蓄水量的能力，奠定了春秋淮南运河开通的物质基础。东汉时期，对邗沟进行了西移改直的调整。改道后的邗沟西道沿线不仅保留了先前的武广湖、陆阳湖、樊梁湖，还在樊梁湖以北增加了津湖（又称山阳湖，今界首湖）和白马湖。对东汉与春秋时期淮南运河的景观格局进行比较，虽然前者舍弃了射阳大湖，而以面积仅为射阳湖五分之一左右的白马、山阳二湖替之，但不难看出东汉邗沟西道的景观格局以白马湖、山阳湖、樊梁湖、武广湖、陆阳湖均匀串联运道中为显著特点（运渠沿线湖泊斑块间最长与最短渠段长度之比接近于 1，见图 5-3）。春秋取道射阳湖，运河虽可利用射阳湖补水，但由于射阳湖面积巨大，水流经过时流速大幅降低极易造成淤积，不利于运河维护，而且由于沿途起水柜作用的诸湖泊分布不均（运渠沿线湖泊斑块间最长与最短渠段长度之比为 2.18），博芝、射阳二湖集中于运渠下游距离引长江水口较远处，当长江供水不足时，断流时常在射阳湖以南便已出现，射阳湖的作用难以有效发挥。而东汉时期沿途多个相对较小规模的湖泊均匀串联于运道中的格局，很好地解决了上述问题，更易保证运河稳定运行，更为合理。

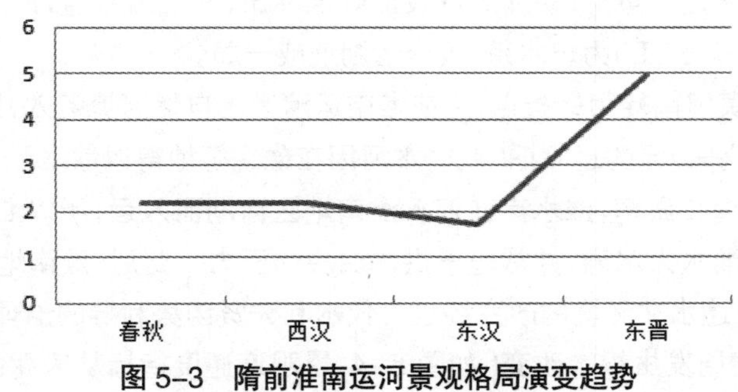

图 5-3　隋前淮南运河景观格局演变趋势

进入魏晋时期，淮南地区的气候特点发生了明显的改变。自战国秦汉时期我国长江中下游地区以温暖湿润为主要气候特征，但进入魏晋时期极端寒冷气象不断出现，进入了一个大降温期，经历了我国两千年历史中唯一一个可与小冰期相比拟的寒冷气候阶段。根据一些史料记载，如太元二十一年（公元 396 年）十二月，南京一带“雨雪二十三日”；元嘉二十九年（公元 452 年）“自十一月霖雨连雪，太阳罕曜”，次年“正月，大风飞霰且雷”[157]；又建元三年（公元 481 年）十一月，“雨雪，或阴或晦，八十余日，至四年二月乃至”[158]。魏晋时期长江中下游流域寒冷的气候环境可见一斑。气候的寒冷不仅仅体现在温度的降低，也体现在湿度方面，此时长江中下游呈现出相对干旱的特征[159]。据《正史五行志》《正史本纪》的有关记载，魏晋时期淮南地区大旱年出现的次数明显多于大水年。在这样的气候环境下，淮南地区诸湖泊水域面积减少，甚至干涸。邗沟西道沿线的武广湖和陆阳湖亦因水源减少，泥沙淤积，一度淤废。而与此同时由于长江北岸岸线淤积南移，邗沟江口引水不畅，故将引水口自江都西移至仪征。运道延长，加之邗沟沿线起水柜作用的湖泊斑块数量明显减少，以及运渠沿线起调节水位作用湖泊分布极其不均匀（运渠沿线湖泊斑块间最长与最短渠段长度之比高达 4.95），晋后期淮南运河的运行不畅，一度断流。

综上所述，隋朝之前，淮南运河受人文地理环境和水文地理环境的双重影响始终未形成河网化。在这个阶段，运河与沿线起水柜作用的天然湖泊间构成的景观格局是决定该运段运行稳定与否的要素。东汉时期，运道沿线均匀分布的湖泊水柜，星罗棋布，为运河提供了较好的自然条件。而魏晋受寒冷气候的影响运道沿线湖泊斑块数量减少，加之运道的延长，湖泊的调蓄作用难以有效发挥，导致运河一度断流。

#### 5.2.2.2　隋朝后水文地理环境变迁对淮南地区运河景观空间格局的影响分析

在隋初至清末的 1 300 多年历史过程中，淮南地区的水文地理环境在南宋建炎二年（公元

1128 年)发生了重大改变,并对此后淮南运河乃至淮南地区均产生了深远的影响。

南宋建炎二年东京留守司杜允为了阻止金兵南下,人为决堤,诱导黄河入淮,开始了黄河长期侵淮的历史,直至咸丰五年(公元 1855 年)才结束。在这 727 年中,亦可进一步分为两个阶段[9]。第一阶段,金至元末明初。此时黄河决溢多在开封附近,南决时多经颍沙涡等河漫流而下汇归于淮。入淮前,因黄河水经过豫东、皖北大片土地得以散水沉沙,入淮时大洪水不易形成,也不致沉积大量泥沙。故在这个阶段,淮水对淮南地区的威胁并未因黄河水的侵入而增强,其影响范围尚不及淮南湖漕。第二阶段,明隆庆末万历初至清。明弘治末黄河北岸下游的堤防系统建成,明嘉靖末黄河南岸堤防亦形成,故黄河由清口入淮河道远较之前固定。黄河持续由清口入淮导致泥沙沉积抬高河身,清口阻塞,黄淮水难以东下顺畅入海,黄淮合势,决溢猛增,为旧时所无。在这种局面下,淮河南徙,灌高、宝诸湖,入运。可见,明隆庆后黄河夺淮冲淤、断淮河故道,逼淮水南入诸湖扰运,几混四渎(黄河、淮河、运河、长江)为一水系,黄淮运湖连成一局。

由此可见,以南宋黄河南徙为转折点,之前淮南运河因无自然河流汇入,以长江潮水为水源,常苦水量不足;之后经过南宋、元的过渡期(此时黄河因在豫皖等地得以散水沉沙,对淮河运道影响不大),至明隆庆末,因为清口淤塞,淮水南徙汇入淮南地区诸湖而入运,所以淮南运河不再以长江潮水为源,而间接地改以淮水为水源,并常迫于洪水溢决的压力。此后,淮南地区诸湖成为承接黄淮南泛之水的大水库。上述水文环境的改变经过古代水利先贤因势利导的治理策略不仅促使宋后明清时期淮南运河景观格局发生根本改变(如图 5-4:景观连通度指标从宋朝的 0.28 一跃提高到清朝的 0.51,增长了 82%),并为淮南运河景观格局河网化的实现提供了物质基础,在一定程度上造就了淮南运河的全盛。

**1. 隋朝至南宋淮南运河景观格局演变的内因分析**

如图 5-13 所示,隋朝淮南运河的景观连通度值为 0.25,与魏晋相比基本保持不变,说明隋朝淮南运河的景观格局较东汉西晋时期几乎未发生改变。相关史料亦佐证了上述观点。如“大业元年(公元 605 年),隋炀帝又发民夫十余万人进一步整治山阳渎,渠宽四十步(60 余米),两岸修有御路(纤道),遍植柳树”。可见,隋朝统一全国后虽致力于沟通南北,连接全国,尤其是长江中下游流域作为主要经济区与关中都城的联系,但其对淮南运河的治理主要是以前朝运河旧道为基础的疏浚和拓宽,未对运河的整体格局加以改造。

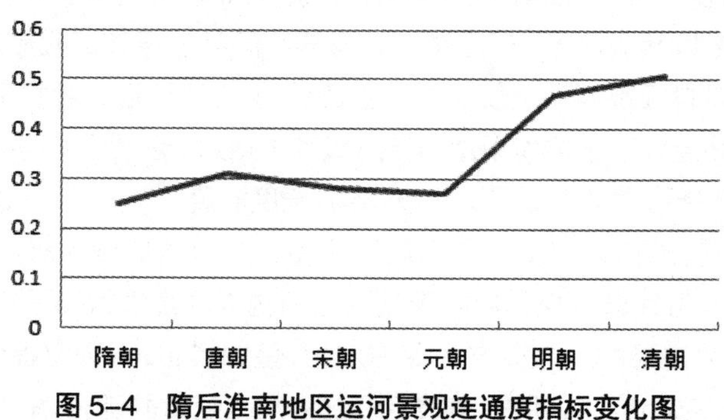


**图 5-4 隋后淮南地区运河景观连通度指标变化图**

唐朝时期,长江北岸岸线继续南移,隋朝时为入江口的扬子镇由于沙涨北移,渐与其南江中的沙洲靠近,并最终相连。唐朝润州刺史齐澣建伊娄河,开通了瓜洲至扬子镇的运道,虽解决了南来

漕船必须绕行至瓜洲西端，迂回 60 里方能入运的问题，但是由于长江北岸自汉以来长期淤涨，至唐朝入江口地面标高已较前朝抬高了许多，长江潮水进入运道的水量日渐减少。唐朝为了改善淮南运河水源短缺的问题，借鉴了前朝以天然湖泊为水柜补充水源的策略，利用运段南端有扬州五塘的地理优势开凿了太子港和淮子河，实现了扬州五塘即陈公塘、句城陂、上下雷塘及新塘与淮南运河的连通，不仅增加了运河沿线供水湖泊斑块的数量，引水济运，而且局部形成由仪征运道、伊娄河、淮子河和太子港组成的运道环路，在淮南运河的局部形成网络化特征。但不可否认，该网络化的规模甚小。故虽唐朝淮南运河的景观连通度指标较隋朝有所提高，但涨幅有限。

在隋后直至明清全国呈统一局面且江南经济地位日渐稳固的大背景下，从图 5-13 中看出淮南运河的景观格局指标在宋朝降低。究其原因，宋朝运道北侧沙河、洪泽新河以及龟山运河的开通，虽避免了漕船在淮水中的长距离行船，有利于航运安全，但是从淮南运河的整体格局上看，上述三河的开通加剧了该运段的单向长度，却未对运道在区域层面的连通性加以改善。在本来就存在水源短缺问题的情况下，运河的单向、长直格局特点对运河廊道的稳定运行以及功能的发挥产生极其不利的影响。

**2. 元朝至清朝淮南运河景观格局演变的内因分析**

元朝的建立标志着我国政治中心的北移，成为第一个定都大都（今北京）的王朝，但其和隋、唐、北宋同，京师所需“无不仰给于江南”。但前朝保留下来的大运河对于元朝而言南北通航还需绕道中原，且间需陆运转驳，十分艰辛。因此元朝将更多的注意力移向了海运。对淮南运河的治理以疏浚为主，整体格局较前朝无异，故景观格局指数基本保持不变。

时至明朝，如前所述，黄河逼淮扰运问题日渐突出。多次洪泛后，运河河道局部遭到湮灭，原散落在淮南地区的小湖泊群亦开始合并扩潴为洪泽及高宝等大湖。可见，明朝淮南运河虽一改前朝苦于水源不足的困扰，但却转而面临黄淮泛滥的威胁。对此，明朝先贤对淮南地区及运河的形势进行了深入的考察和分析，面对洪水的压力和通航的需求，对淮南地区的水文环境进行了一系列大规模的整治，并最终在缓解该地区水利问题的同时打破了前朝淮南运河的南北单向模式，完成了其向网络化格局的转变，景观连通度指数陡然提高至 0.47。这不仅对明清淮南运河航运水平的改善和提高发挥了重要作用，更为时至今日淮南运河仍保持运行奠定了基础。明朝对淮南运河网络化格局的塑造是通过三方面的工程措施实现的，分别是：①筑高家堰，修成洪泽湖水库；②运河沿线开凿月河；③开支浚淮，辟通江、通海水道。其中，第二、三项举措是淮南运河网络化空间格局形成的物质载体，不仅塑造出该地区特有的运河景观风貌，而且有效地解决了该地区所面临的洪涝危害；而第一点洪泽湖水库的修建从表面上看虽未对淮南地区运河的景观格局产生直接影响，却为后两项举措的实施奠定了客观基础，使淮南运河网络化格局的形成成为可能。

洪泽湖水库是历史时期人工顺应自然发展趋势，与自然合力的典型产物。黄河改道后，淮南地区水文环境的改变使其初露端倪，而明朝若干项举措促使之扩大并具有相当的规模。

其中水文环境的改变对洪泽湖的影响作用体现在两个方面。

第一，黄河与淮河在清口相遇，由于黄河挟沙量极大，故在清口壅水沉沙，形成堵塞河口的隆起沙体，被称为“门限沙”。据明代万历初的调查，门限沙影响的范围可至湖心的洪泽地区。清口附近，“水深者一尺七八寸，浅者但一尺四五寸而已，过此以上，则水深四五尺不等，直至洪泽地方，又复有淤浅处，较之清口，犹为减半”[149]。

第二，为洪泽湖的形成提供充足水源。或黄淮以决口的形式溃水入洪泽湖，或黄河经徐州、砀山等地减水坝闸入洪泽湖，作为水源促成了洪泽湖的出现。

在上述自然条件具备的前提下，明朝先贤因势利导，决定修筑高家堰进一步促成洪泽湖的最终形成。明隆庆六年九月至万历元年春，郡守陈文烛招募淮民修筑高家堰。据当时学士丁士美的记载：堰随地高下，其高者约一丈许，面阔五丈，底阔十五丈，在地势较低的大涧口处另筑月堤三百丈，高六尺。堰长五千四百丈[160]。按现代度量计算，高不过3~4米，长约34里[161]。至万历六年，潘季驯督办河槽提出了“束水攻沙”的治河方针。即针对“淮清河浊，淮弱河强，河水一斗，沙居其六，伏秋则居八，非极淮急，必至停滞”的情况，“当藉淮之清以刷河之浊，筑高家堰束淮之清口，以敌河之强，使二并流，则海口自浚”[162]，故进一步筑高堰。至万历七年高家堰堤已达到六十余里[161]。

综上，此时流经洪泽湖湖区的淮水西北有门限沙的阻挡，东有高家堰堤的屏障，水流自然会在湖区内蓄积，水面不断扩张。由于洪泽湖湖区地势西高东低，故大水面首先集中表现在地势偏低的淮河东岸。随着明高家堰堤几经修筑，日益稳固的堤防与黄河在清口淤积的门限沙一道逼水西汇，“河身日高，流日壅，淮日益不得出，而潴蓄日益深”。此前在大堤西面洪泽湖区内分布的湖群、洼地积水等不断连接、扩张，最终形成洪泽湖大湖区[161]。洪泽湖湖区广阔的水面，东岸坚固的高家堰堤，以及堤上安置的数个泄水闸，使其具有如今水库的基本功能，成为我国古代历史中最大的调洪水库。

洪泽湖水库的最终形成对于淮南运河系统乃至淮南地区整体水文环境及景观格局的影响突出表现在四个方面。

(1)逼淮水回归故道，束黄河冲沙畅流，从源头解决淮南运河及淮南地区面临的洪水威胁。洪泽湖东岸高家堰的有效拦防，一方面阻淮水南泛去路，逼其回归入海故道，从而降低了由于清口淤塞，淮水向淮南地区大肆漫溢，冲毁淹灭淮南运河及城镇的可能性，另一方面，为实施“束水(高家堰束淮水、黄河)攻沙(冲走清口壅积的沙体)”策略，以水流冲击力清理黄河泥沙沉积物创造有利条件，促使黄淮沿淮南以北边界顺畅入海。

(2)发挥蓄滞洪水功能。洪泽湖自身具有面广水深的特点，在一定程度上可容纳越过黄淮自然堤入湖的多余水量，使淮南运河、高邮宝应诸湖乃至淮南地区摆脱淮泛黄侵的侵扰。

(3)人为控制高家堰上减水闸，审时度势，在有需要时向淮南运河供水，保证运道通航。明朝在洪泽湖高家堰堤上设置有多个减水闸，堤下开凿有多条泄水支河(主要有青州涧、浔河以及草子河)。洪泽湖可先将湖水经泄水支河下泄到淮南运河沿线的白马、宝应诸湖，进而为淮南运河提供充足水源。一改前朝淮安运河因水源不足，淤塞难行的局面。

(4)促进淮南运河网络系统的形成，为该系统提供水源动力。淮南地区来自西北方向黄淮的威胁虽经洪泽湖的“束”“蓄”得到缓解，但是洪泽湖的滞洪能力也是有限的，需要辅以下游排泄设施，以保证洪泽湖水库功能的持续发挥，特别是在丰水期。这极大地促进了明朝在洪泽湖以东、以南方向大举修建、疏浚东西通海故渎及南北入江渠道，以泄湖水。由于淮南运河地处淮南地区中部，连接南北，因此由洪泽湖引出的东西向通海泄水渠道必与运河相交，从而可在枯水期引洪泽湖水济运，在丰水期助运泄洪；而自洪泽湖引出的南北向入江渠道虽其走向与运河平行，彼此未建立直接联系，但皆可由淮南地区散布的湖泊和东西向通海渠道实现水运通达，在泄水入江的同时起到分担南北漕运的作用。自此，淮南运河一改前朝连接南北的单向格局，形成北达黄淮入泗往华北，东达渤海通盐运，南达长江抵江南，东连洪泽湖水库，兼顾输水泄水功能的网络系统，将淮南运河带入繁盛（见图 5-5）。洪泽湖水库的形成不仅促进了运河网络化格局的形成，其储蓄的水源成为该网络系统运行的根本，而且从更深层次看，古代先贤面对黄泛压力，借助地形因势利导修建洪泽湖，并辅以下游泄水渠道构建水运网络的治水策略，深刻地反映出我国古代顺应自然、效仿自然系统的自然观。

**图 5-5　淮南运河两岸风貌（摘自《京杭大运河图说》）**

综上所述，明朝面对南宋黄河夺淮入海后淮南地区淮、黄、运、江四渎连成一局且日益复杂的水文形势，通过修筑高家堰堤建成洪泽湖水库、大举凿浚泄水渠道，建立起淮南运河的网络体系。该体系“蓄”“泄”兼顾，因充分利用了湖的水柜作用以及渠的疏通功能，有效地平衡了淮水、湖水、运水之势，将淮南运河带入了新的阶段，并奠定了清乃至今日淮南运河体系的运行模式。

清朝淮南运河的景观格局指数与明朝相比略有上升，但整体格局未发生改变，此系清朝期间更多东西通海渠道、南北通江渠道开通的结果。清朝对淮南运河的治理思路与方式基本沿袭明朝，始将“坚束畅通”作为治运的基本思想。“坚束”即坚固淮南地区堤防系统，特别是高家堰堤防以强化洪泽湖的水库调度功能。“畅通”即在运堤上大力修建减水闸、定期疏浚运西湖河及开凿或疏浚运东泄水河道。经过数代努力，明朝已成形，清朝得到进一步巩固和发展的以淮扬运河为南北漕运主干，邵伯以北者皆归海兼营盐运，邵伯以南者皆入江兼营江南物资漕运的格局使淮南地区呈现出一派湖涧分明，沟渠纵横交错的景观面貌。

## 本章小结

综上，笔者通过相关文献史料的梳理和图档对比，主要解决了以下问题。

（1）厘清了在人文地理和自然地理环境巨大变迁下淮南运河景观格局自春秋初创时“渠道串联湖泊”单向景观格局至明清“坚束畅通”治理思想下“漕湖通引，交渠绮错”网络化景观格局的演变过程，为大运河淮南段景观遗产保护提供了形态基础。

（2）探究出不同水文环境下，运河沿线相关湖泊的规模、布局与运河运行间的作用关系，呈现了从“湖渠串联，借湖行运”到“湖河依傍，越湖行运”景观风貌的转变。

（3）探究了南宋黄河夺淮入海，黄淮运湖连成一局后，修建洪泽湖水库与淮南运河河网化格局形成间的重要关联，及洪泽湖对运河乃至整个淮南地区水文循环系统突出的调控作用。

（4）揭示了古人面对淮南运河从南宋前水源不足到南宋后洪患威胁的巨大转型，在运河治理中所表现出的“因势利导”的思想和智慧，对深入理解古人的自然环境观具有一定价值。

# 第6章　王朝时期大运河江南运段景观格局演变研究

## 6.1　江南运河的地理背景

### 6.1.1　江南运河的自然地理环境

江南运河地处长江与钱塘江之间的太湖流域。太湖流域西北为宁镇丘陵和茅山山脉，西南临宜溧山地，南靠天目山山地和钱塘江湾，北依长江，东临大海，是长江泥沙在河口堆积而成的长江三角洲的主体部分。自第四纪地质时期以来，由于地壳运动，区内北部山地不断抬升，东部以太湖及其周围为中心的地区不断沉降，地势中部低洼而四周略高[163]，地形整体上呈一碟形盆地。西部的茅山、宜溧山地高度一般在200~300米，湖西的平原高度一般在5~8米，长江南岸和杭州湾北岸以及沿海一带一般高度在4~6米，湖东平原地势较低，一般在2.5~3米[164][165]。

太湖流域上游水源大部分来自西部的丘陵地区。茅山及宜溧南部丘陵汇水形成的荆溪和天目山地汇水形成的苕溪是太湖流域上游的两大主要水系。荆溪下游除由西氿和东氿至大浦口入太湖的主流外，还有诸多分散入湖的水系统称为百渎。苕溪的主流则经由湖州东北入湖。

太湖流域的下游有很多水道，各自汇江或入海，呈扇状分散，并可划分三组，这恰好对应于古代志书《禹贡》中“三江既入，震泽底定”中的“三江”[166]。《禹贡》一书并未准确说明三江所指，今人魏嵩山、王文楚根据原文含义在其所著《江南运河的形成及其演变过程》中指出，“三江”即指太湖下游的三条入江海主流，自北而南分别是娄江（浏河的前身）、松江（今日的吴淞江）以及东江[167]。太湖流域下游的三组入江海水道正是以上述三江为主流通江海的水系组。其一为以娄江为主流，以望虞河、白茆河等为支流出太湖东北岸入海的一组；其二以吴淞江为主流出太湖东岸入海的一组；其三为出淀山湖入江的东江一组。

史书中有关东江的论述颇多。北魏郦道元的《水经注》根据《吴记》所称以今嘉兴向东南流至海盐澉浦口的一条水道为谷水，也就是东江[168]。唐张守节《史记正义》则称自太湖东出至白蚬湖一条水道为东江。《吴郡图经续记》中说：“尝质于老儒长者，谓松江东流聚为小湖，西北（应为东南）接白蚬、马腾、谷、瑇瑁四湖，盖所谓谷湖者，即谷水之归迹也，又南接三泖（湖群），泖有上、中、下之名，泖之狭者犹八十丈，又南接海盐之芦沥浦，行二百余里，南至于浙江，疑此即谷水故道。”[169]即认为白蚬湖以下，旧有谷湖，即谷水之归迹，以下又南接三泖，合海盐之芦沥浦（今平湖广陈以东）入钱塘江，即为东江。事实上，文中所述淀泖湖群，在古代原为一片洼地。由于靠近钱塘江北岸，受海潮倒灌影响，这里常被海水淹没而形成沼泽。在古代的记录中，通常对类似上述原因形成的沼泽通称为谷水[164]。故太湖下游部分出流由于通过白蚬湖、淀山湖和三泖湖群沼泽出海而得名

谷水，即为东江。鉴于淀泖湖群的形成及谷水之名的由来可见，东江（即为谷水）下游应有若干入江口，尤以上述芦沥浦为入江主流，而且其他支流如小官浦（即今张泾塘）、南浦口（相当于今乍浦塘）、澉浦口等通江水道应是相互沟通的。

综上所述，江南运河开凿前原始太湖流域不仅有荆、苕二溪自西而东向太湖供水，保证水量，而且还有以娄江、松江、东江为主流诸多通海入江的自然渠道泄水防洪。太湖自然水系呈现上游水源丰富，下游排水畅通的总体特征。据相关研究显示，原始太湖流域内水域面积约占流域总面积的20.3%，其中湖泊总面积达 3 231 平方千米，河流总长度约 10 万千米，平均河道密度达每平方千米3~4 千米[170]。并且，此时太湖流域水系的景观连通度值就已达到 0.48。“河流纵横，湖泊星罗棋布，一片水乡泽国”正是对太湖流域极为形象准确的描述。

由于原始太湖自然水系具有上游供水，下游排涝，自身及沿途众多湖泊串联其中的合理水网格局，从而兼具蓄泄能力，自调节水平极高。这也使得太湖流域自然水道至唐末都没发生明显变迁。直至宋朝，由于数朝以来大量海堤工程在沿海地区建成，以及长江、钱塘江岸线因泥沙的淤积，才使太湖流域水系在入江海口处逐渐发生改变。主要表现为东江的湮灭及黄浦江的形成。

《宋史·河渠》中所载，乾道七年（公元 1171 年）秀州守臣奏：“华亭县东南大海，古有十八堰，捍御盐潮，其十七久皆捺断，不通里河，独有新泾塘（即小官浦）一所不曾筑捺。”[171] 东江入江（钱塘江）口的淤堵情况可见一斑。此后，源出淀山湖及浙西平原的水流由于东江的堵塞无法南下入江而向东流经今闵行以东，从闸港分两股，其一经下沙至新场以东出海，另一股则自闸港北流，经今黄浦至今虹口境内汇入淞江入海。早期，黄浦江为以三泖湖群为源汇入吴淞江的小型天然河道。由于当时太湖水主要经由吴淞江和东江入江，黄浦江承担水量较少，其宽度不过尽一矢之力[172]（约合50 米）。而在清初的《沪城备考》中则载：“黄浦在宋元时从华亭东流入上海界，其势悉折而东北，为金汇、闸港、周浦等水。以趋南跄口，始与江河。”可见，宋元时东江淤塞后，黄浦承纳淀山湖及浙西平原的水流，除经虹口直接入吴淞江的黄浦口泄水外，在今浦东还有几条分支水道，直接通至南跄口[164]。自此，黄浦水道日趋稳固，河面逐渐宽阔，明初时已有大黄浦之称[173]，从而取代东江承担防涝功能，成为元后明初至今，太湖流域主要的泄水通道。

元朝直至明清两代，朝廷不断疏浚吴淞江南岸连接黄浦与吴淞间的五大浦即今之赵屯浦、大盈浦、顾惠浦、菘子浦、盘龙浦，以及娄江一带东北入江的各港，其中尤以白茆、浏河、杨林、七浦等河疏浚最为频繁。从而使黄浦与吴淞一带纵浦横塘交错其间，在太湖流域的下游形成棋盘式的泄水系统，分泄湖水作用明显。

纵观太湖流域水文环境的历史变迁，其间虽经过了东江湮灭，黄浦江形成扩大，太湖下游水网逐渐密集的局部改变，但上游利用太湖及其他湖沼蓄水，下游借助塘浦河道宣泄太湖洪水的整体格局始终维持不变且较为完整。水源充足，下泄顺畅成为太湖流域贯彻始终的水文特点。

### 6.1.2　江南运河的人文地理环境

就经济方面而言，如笔者在第 2、4 章中所述，江南地区在自春秋到清朝近 2 500 年的历史中，经历了从荒野遍地的未开化区到全国经济中心的蜕变，且这种经济优势一直保持至今。春秋、秦汉时，北方黄河流域的关中平原及关东地区是当时全国的农业发达地区，而地处长江流域的南方“地广人稀，饭稻羹鱼，或火耕而水耨”[28]，生产工具及技术水平落后，生产力低下。然而自东汉后，三

国、西晋、东晋十六国、南北朝等分裂割据政权接踵而至，作为最先发展起来的黄河流域中下游广大地区自然成为各方争抢的对象，区内的战争最为频繁且激烈。经过长达550年的战火侵袭，黄河中游黄土高原与河套地区的农业面积大为萎缩，经济水平下降。而与之形成对比的是，南方地区相对安定，自西晋末年至刘宋大明八年（公元464年）先后接纳了六次数量以万计的北方移民。北方移民不仅带去了先进的生产技术，还保证了充足的劳动力，使南方的农业、手工业迎来发展的机遇。之后的隋唐时期，虽黄河流域的经济状况有所恢复，但南方特别是太湖流域经济发展迅猛大有赶超北方之势，已成为全国农业主产区。时至北宋，人口南重北轻，经济南高北低的局面已成定局。

就政治方面而言，自秦汉起，我国历史时期中的所有统一王朝均定都于北方。无论是封建社会前期定都关中，还是封建社会后期定都北京，均与长江以南地区相距遥远。而事实上，加强国家对地方的控制，维护地方的稳定和国家的统一，是任何一个从战乱分裂中建立起的统一政权关注的焦点。在我国经济中心南移的大背景下，南方尤其是江南地区在国家中的地位显著提升，成为自隋及其之后任何一个朝代都需要保持密切联系与有效控制的地区。江南运河正是在这样的人文背景下形成并发展起来的。

## 6.2 江南运河景观格局的发展与演变

### 6.2.1 隋朝江南运河的景观格局

有关历史上江南运河肇始于何时的说法众说纷纭，莫衷一是，当代学术界对于该段运河开凿年代的界定亦是存在多种不同意见。有关江南运河开凿的明确记载见于北宋司马光《资治通鉴》中，其述："大业六年（610年）冬十二月，敕穿江南河，自京口至余杭八百里，广十丈余，使可通龙舟，并置驿宫草顿，欲东巡会稽"[142]。此外江南地方志中亦有相关的记载如明嘉靖《杭州通志》卷三："旧志：隋大业中开江南河，自京口至余杭八百里，拟通龙舟。"清乾隆《镇江府志》卷二："隋大业六年，敕穿江南河，自京口至余杭八百里，广十余丈，便可通龙舟。"不难看出，这些记载与《资治通鉴》中的文字如出一辙，应源自《资治通鉴》。

史籍中有关隋江南运河形成的描述用了"敕穿"一词，而不同于论及通济渠贯通时所运用的"开"。不仅如此，在有关隋凿通济渠、山阳渎的描述中除包括运道的行经路线外，还陈述了开运河所需人力，如"发河南诸郡男女百余万"[141]"发淮南民十余万"，但在上述描写江南运河的文字中却不包含此类内容。这种区别正是缘于隋朝江南运河的贯通，是将自春秋以来不同朝代开凿的散布在太湖流域内的各局部渠段加以连通，并予以加深、拓宽所致。从一个层面佐证了隋前江南地区已存在人工渠道，隋朝只是在前朝水道的基础上按照龙舟的标准，对各路进行疏通予以扩建的事实。

隋朝江南运河北起长江南岸京口（今江苏镇江）、经云阳（今江苏丹阳）、毗邻（今江苏常州）、绕经太湖东岸的吴郡（今江苏苏州），过杭嘉湖的嘉禾（今浙江嘉兴），到达余杭（今浙江杭州），全长八百余里。该运河自北而南分别继承了秦所开的丹徒（曲阿）水道、春秋周敬王所开的自望亭入无锡抵奔牛水道，西汉武帝所开的苏嘉运道以及秦时所开的陵水道，并加以连通而成。

具体来说，丹徒水道为奔牛至镇江一段。传说秦始皇三十七年携幼子胡亥（即秦二世）和左丞相李斯等人东寻会稽，途经云阳闻"东南有天子气，在云阳之间"，遂凿北港，以泄"天子气"，截其直

道，使之阿曲[174]。行至朱方（今丹徒）又见“丹徒岘”，东南连亘，盘纡屈曲，状如游龙，遂令着“赭衣”刑徒三千凿之，毁其龙形。赭色者赤色、丹色也，故改朱方为丹徒[175]。丹徒凿破的长陇向北通长江，向南与云阳曲阿道相连，后引长江水至南水门，再向东南至丹阳，形成丹徒（曲阿）水道。望亭至奔牛水道最初为春秋吴王夫差所开，当时由于奔牛至镇江地势高仰，工程艰巨，难于施工，遂取道孟河入长江。由此可见，前述秦因“东南天子气”之说开奔牛至镇江河段虽是出于以保万世的荒诞目的，却完成了开山辟岭，堪称“功力艰辛”的宏伟工程，为隋朝漕船可直走京口入江奠定了基础。而秦朝嘉兴至钱塘陵水道与西汉苏嘉运河在太湖东缘软土沼泽地带的先后开通彼此相连，基本实现了苏州以南地区的水运畅通，日后成为隋江南运河南段的前身。

隋朝江南运河在运道两端分别以长江水和钱塘江水为源，因受碟形地势影响来水向中部太湖附近的低洼处汇集。在长江流域的丰水期，运道中部集水多，防洪压力较大。然而，运道中部于望亭、胥口和太湖口三处与太湖建立的联系以及与太湖东侧两条主要泄水渠道娄江和吴淞江的沟通，有效地缓解了上述压力。如6.1节所述，太湖流域水系在太湖东侧具有密集纵横的入海、江水道，排水畅通。于运河中部与太湖水系相连的运河格局，不仅使太湖成为运河沿线的重要水柜调蓄上游来水，而且使以娄江、吴淞江为主流的太湖流域泄水渠道同时为运河系统服务，兼任江南运河南北两端引入的长江和钱塘江余水的排洪任务，为江南运河的稳定运行提供保障。此外，江南运河除在江口引水外，丹阳以下还有来自东北方的孟江以及西北方经秦淮河、破岗渎入运的补充水源。可见，隋朝江南运河依托太湖流域水系已具备了“以运河为经，以众川为纬”，蓄泄兼顾的景观格局。

特别是隋江南运河自望亭以下渠段，因穿行于河荡密布的太湖水系中，水源充沛，下泄顺畅，景观连通度达0.50，此值已相当于淮南运河经过明清两朝改造治理后所具有的较高水平。因此，望亭以下渠段在隋后始终保持较好的通航状态，各朝对其治理以一般性清淤、疏通为主，景观格局基本保持不变。其间虽太湖水系的泄水主流东江到元后期被黄浦江取代，但如前所述，这仅属于局部渠道的变迁，对运河水系的防洪能力以及整体景观格局的影响均较低。隋后对于江南运河的整治则主要集中于北端入口段（镇江至常州一带）。

### 6.2.2 隋后江南运河北段运道景观格局的发展

江南运河京口（今镇江）至望亭，地势自西北向东南倾斜，其中镇江至丹阳，地势最为高亢，多冈陇地区，且河谷浅狭，加之长江江岸的变迁以及江潮的涨落，成为影响江南运河的关键渠段。经过隋后各代的整治，尤以唐、明两朝为主，江南运河镇江至常州一带景观网络格局日趋完善。主要表现为两个方面：①丹阳练湖的浚治，提高调节能力；②常州通江支流的开凿，形成多河并通之势。

#### 6.2.2.1 丹阳练湖的浚治

练湖又名练塘，在丹阳县北120步，为西晋时期陈敏据江东，阻遏马林溪，受句骊、长山八十四溪之水汇聚而成，周围四十余里，环湖有13涵洞[176]。江南运河北段自京口引长江潮水为源，若江水消落时则运道缺水。练湖与运河为临，湖水之蓄放，涵闸之节宣与运道的通塞关系甚大。

唐朝永泰年间（公元765—766年），时为润州刺史的韦损，整治练湖，“增埋故塘，缭而合之”，将湖面扩大为周长八十余里[177]，并禁止引湖水灌溉田庙，以导湖入漕河，使“湖水放一寸，河水涨一尺”[178]。足见，练湖对北段运河畅通的重要作用。宋绍兴时曾在湖中建横梗，分上、下湖，立上、中、下三闸。长上84溪之水始经辰溪冲入上湖，复由三闸转入下湖，济运[9]。

历来豪强权势之家占湖为田。为了维持练湖的蓄水容积，明洪武时起常做塘堰闸涵，浚治不辍。正统六年（公元 1441 年）修练湖堤埂及东埂二斗门，堤上植柳。成化二年（公元 1466 年）丹阳筑练湖堤，置斗门涵管。万历五年，鉴于练湖上湖四面高阜，下湖东北临河之势，以及原湖埂完固唯中间缺口，宋三闸中临湖上闸完好的情况，御史林应训向朝廷建议补湖埂中间缺口，并增筑西南与东北相应。增建中下二闸及二闸间减水闸两座。革田、塞沿堤私设涵洞、增筑湖堤等。工部准允了林应训的建议，并命其为巡江御史，负责督工实施。至万历十三年，练湖修浚完工，继续保持原一分为二模式，中有横梗，埂上有石闸三，引上湖水东入下湖。下湖堤另有石闸三，以引下湖水济运。又有涵洞十二，则引上下湖水灌田。涵洞按时启闭，则旱涝无忧；闸按时启闭，则运河蓄泄有备[9]。

练湖的修浚虽不足以影响运河的整体格局，却有效地弥补了运河北段调节能力明显低于南段的不足，对该运段的通航起到了积极作用，成为江南运河北段水网格局的关键环节。

#### 6.2.2.2 常州通江支流的开凿

常州境内沿江多河港，北通江，南屈曲通运河。唐宋以来，开浚港水，建闸控制，一方面可引江济运，补充京口水道之不足，以通漕运，另一方面可用以农田灌溉。其中，尤以孟渎河、得胜新河以及江阴通江河道最为重要。

**1. 孟渎河**

孟渎河在常州府西 30 里的奔牛镇以东，南通运河，北流 60 里入江。周敬王二十五年吴王夫差开河通运时，因镇江地势高仰难以开凿施工，遂取道孟河入长江。秦开通丹徒水道后，便取代了孟渎河，漕船可直接由京口入瓜洲。但丹阳镇江间运河常患浅阻，故唐复开后，五代、宋、明俱有修浚。洪熙元年（公元 1425 年）还定制孟渎河三年一浚之规。宣德八年（公元 1433 年）巡抚周枕、常州知府莫愚于孟渎旧闸南余丈，置新闸，以保障引江通运[9]。

**2. 得胜新河**

得胜新河又名烈塘河，在常州府西 18 里，南通运河，北流 43 里入江。南宋开浚时，还置临江闸，以兴漕运灌溉之利，元时闸废。洪武三年重建闸，名魏村闸。二十四年再度浚河，改名得胜新河[9]。此后闸、港均常修浚。

得胜新河的开通，使北去漕船出江后可直入江北泰兴县北新河，后转而向西至扬州，避免了由孟渎出江逆水行 300 余里方达瓜洲的风浪之险。

**3. 江阴通江河道**

江阴河道可北引江水济运通漕，经过明代屡次修治河港众多。其中最为重要的是黄田港和夏港。黄田港贯江阴县城而南，至县南 10 里经蔡泾闸，亦曰南闸或下闸，又南 17 里历月城桥，又 10 里至青阳镇，又南 35 里至五泻河，出高桥合无锡运河。黄田港江口置闸名上闸。夏港位于江阴县城西 10 里，北通大江，东南行，出蔡泾闸与黄田港河流入运河。文中所述的蔡泾，西接夏港，东通黄田，有蔡泾闸[9]。

综上所述，经过唐宋明数代的整治，江南运河北端形成丹阳镇江运段，孟渎河、得胜新河、江阴河道，四河并通之势，不仅悉北引江水，为运渠提供充足水量，而且由江南至江北可出镇江直入瓜洲，出孟渎河、得胜新河直入北新河，极大地缩短了江中行船的路程，改善了漕运的安全性。另外，两浙回空的漕舟还可选择由江阴夏港口、历青阳，出无锡高桥，至苏杭之捷径，在运道北端提供多种船行航线选择，通航效率得到明显提高（见图 6-1）。不难想象，江南运河北段多渠并行通江济运，南段依托太湖密集溪港入海泄水，间以练湖、太湖调蓄的完备景观格局是使其始终保持稳定运行至今的原因所在（见图 6–2）。

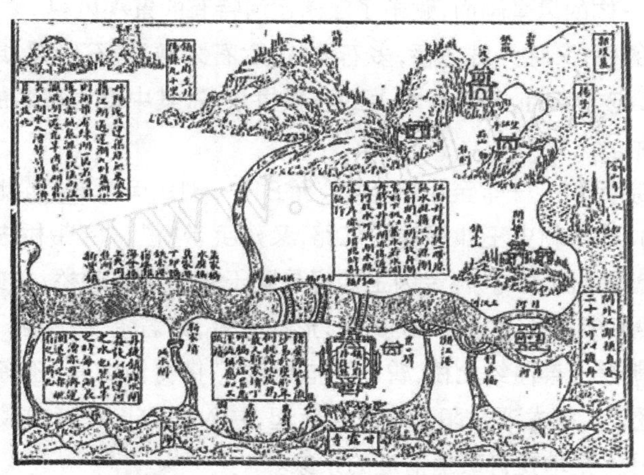

图 6–1　江南运河北端多渠并行通江

图 6–2　江南运河沿岸景观风貌（摘自《京杭大运河图说》）

## 6.3　江南运河富有特色的驳岸纤道

江南运河流经地区，两岸支流叉港密集，湖泊星罗棋布，可谓“五里一荡，十里一浦”。这样优越的自然地理环境固然十分有利于水运发展，但是舟行却无纤挽之道，阻碍了船只航行效率的提高。因此，自汉平帝元始年间（公元 1—5 年），江南地区便开始采用开河结合筑堤兼作纤道的方法修建了长兴县的皋塘[179]。隋炀帝开江南运河时，则普遍利用浚河所挖出的土方堆筑堤岸和纤道。鉴于土堤岸难以承受风浪的冲刷，屡修屡塌的弊病，自唐代开始将原堆土纤道或堤岸改为垒石，大部分是用三四吨的巨大青石筑成，上铺石面，既是纤道又是驿道[7]。宋仁宗庆历元年（公元 1041 年）修建了吴江到平望五十里的石岸[183]，同年整修加固了嘉兴到湖州的壅土堤岸九十里[181]，次年修建了太湖松江处五十到六十里的石岸纤道[182]。宋英宗治平三年（公元 1066 年）吴江县孙觉摄县，将原平望至湖州壅土为塘的堤岸改以垒石。后经元明清三代不断经营，江南运河石岸纤道规模不断扩大，且日臻完善。

在纤道经过沿运的支流岔河或湖荡之处时，小则建窦（即为道涵），大则修桥[7]，以在保持泄水通舟渠道畅通的前提下，使纤道堤岸具有相当的连贯性。从而，在江南运河沿岸形成了船、水、桥、路（纤道或堤岸）浑然一体的风景画面，赋予了江南运河特有的景观风貌。

与纤道配套修建的桥，又称为纤道桥，多石结构，立石为墩，横石做梁，或为石拱。由于江南运河沿线支流叉港密布，宛如半月，高耸于水上的石拱桥众多，其中最为著名的有苏州城南的宝带桥和吴江县东门的垂虹桥。

宝带桥建于唐宪宗元和十一年至十四年（公元 816—819 年），据《苏州府志》记载“唐宪宗元和五年（公元 810 年），苏州刺史王仲舒堤松江路，又建宝带桥”，“宝带桥去郡（苏州城）东南十五里，唐刺史王仲舒捐资助费创建”。相传因王仲舒是鬻玉带而建成此桥，故此桥得名宝带。宝带桥为多孔连续石拱桥，共五十三孔，总长约 317 米，形如长虹，宛若俊龙，踞卧于江南运河西侧澹台湖口的玳玳河上[7]。元朝僧人善住经此桥，曾以诗描绘说：“借得他山石，还将石作梁。直从堤上去，横跨水中央。白鹭下秋色，苍龙浮夕阳。涛声当夜起，并入榜歌长。”诗中最后两句，描写的正是纤夫过桥，纤歌声声，络绎不绝地挽舟破浪前进的景象。

垂虹桥俗称长桥，位于吴江县城东门，横跨太湖支流塘河两岸（见图 6–3）。因桥身环如半月，长若垂虹，故而得名。垂虹桥始建于庆历八年（公元 1048 年），原为木桥，共九十九孔，长五百多米，为最长的纤道桥，是继宝带桥后又一重要纤道桥[180]。元成宗大德八年（公元 1304 年）重修此桥，但不久塌陷五十余丈。元泰定帝令知县张显祖重建为石桥，“长百三十丈，为洞六十有二”[183]。桥两堍各有一亭，平面作正方形，九脊飞檐，别具一格。并有四大石狮，雄踞桥堍，甚为壮观。元代诗人萨都剌，在描绘垂虹桥的诗中说：“插天虫带虫东势嵯峨，截断吴江一幅罗。江北江南连地脉，人来人往渡天河。龙腰撑出渔舟去，鳌背高驰驷马过。桥上青山桥下水，世人曾见几风波。”著名诗人苏舜钦亦有“长桥跨空古未有”之述，长桥之称亦由此而来。如今“垂虹夜月”已成为吴江八景之一，闻名中外。

**图 6–3　虹桥探春（摘自《京杭大运河图说》）**

## 本章小结

笔者在对江南运河自然地理环境与人文地理环境分析的基础上，明确了在江南地区生产能力和经济发展水平不断提升，社会政治环境相对稳定的大背景下，太湖流域上游水源充足，可利用太湖及其他湖沼蓄水，下游下泄顺畅，可借助入江、海塘浦河道宣泄洪水的水文特点是使江南运河依托太湖流域水系在秦汉便初具规模，至隋朝已具备"运河为经，众川为纬"，蓄泄兼顾景观格局，通航条件良好并保持至今的根本原因所在。建议对该段运河的保护开发需结合太湖水系的实际状况予以联合治理，并进一步通过对隋后的唐宋明清数朝对江南运河北段以改建丹阳境内练湖，发挥其蓄水调洪水柜功能，于运道东侧疏浚多条通江渠道为主要手段的治理方法，以及对运河沿线改新建堤塘驿道的治理策略等进行梳理，显示了江南运河水利治理方式方法与该段运河特色景观风貌形成间的联系，即多道通江济运治理策略下江南运河北端多渠并行通江，过江港口鳞次栉比，空舟满船各行其道景观风貌的呈现，以及疏浚、规范密布支流岔港治理策略下运河塘（即堤）桥相连成纤道，拱桥形如长虹，堤塘宛若长龙，高低屈曲，错落有致。

# 第7章 结语

本书相关的研究以不同历史时期京杭大运河网络空间形态为主要研究对象，通过文献史料梳理、图档比对，借助景观生态学中河流廊道空间结构特征度量分析的方法，结合运河人文地理环境和自然地理环境的变迁，对不同尺度下京杭大运河整体及各区段运河水系空间网络的沿革与演变进行定量描述和分析，从而获得有关历史时期京杭大运河景观空间格局的构成和特点、特色景观风貌以及造就相应运河景观格局及促成其发展的关键因素等方面的研究成果，完成对于京杭大运河景观特性和风貌的解释学思考。

**1. 社会时代背景对京杭大运河宏观（整体）空间格局演变的影响研究**

京杭大运河是为了满足某个政权在政治、军事和经济等方面的需求而修建的。同时受生产力水平制约，大运河以其优越的便捷性和通达性，成为维系各政权必不可少的重要基础设施。因此，无论是封建社会早期大运河的局部出现还是中后期大运河的全线贯通和发展，都深刻蕴含着其与社会时代背景间的密切关系。战乱时期的战略格局、统一时期的国都定位对相应时期大运河的格局走向起着决定性作用。

整体而言，大运河经历了三个阶段：春秋至魏晋南北朝时期战争背景下的分段出现；隋朝至宋朝中央集权背景下的整体形成；元代至清朝民族统一背景下的格局转变。

具体而言，战乱时期因应于春秋五霸战略格局下吴越运河的出现，战国七雄军事情况下黄淮运河的出现以及三国时期曹袁关系下河北运河的出现，为后世京杭大运河的全线贯通奠定了基础。进入统一时期后，大运河全线形成。应照于隋唐、宋至元明清，国都从大兴（即唐长安）至大梁再到燕京的流转及经济中心由关东至江南的迁徙，运河整体景观格局从隋的“之”字形格局，经过北宋向心格局的过渡期，最终至元伴随我国政治经济格局由东西到南北格局的转变，完成了弃“弓”走“弦”的沿革，并在明清两朝将其发挥至极致。京杭运河的繁荣与康乾盛世同时出现，相得益彰。

**2. 京杭大运河初建期布局、空间格局特点及核心成因研究**

封建时期大运河的政治性决定了其整体格局主要受所处时代大的社会人文环境影响。而大运河各区段的运行与维持则主要受到来自地区自然水文条件的制约，因此使得以之为内在支撑的运河各区段的布局和空间格局特点与水文条件间建立了密切的联系，并最终发展为植根于所在地区水文地理环境中的特殊河流类型，成为地区自然环境中不可或缺的组成部分。与此相应，京杭大运河华北、黄淮、淮南以及江南四区段在建成初期根据运河与其所在区自然水文环境间空间联系模式的不同可划分两大类。其一为华北运河和黄淮运河构成的第一类。华北与黄淮平原内均有具有一定规模的自然水系流经，前者有太行山、燕山山脉水系，后者为汶泗水系。因此，开凿于上述区域中的运河，其流线布局皆因需截留自然水系为源，以贯穿区内诸自然河流为准则，从而具有以运河为干流，以自然水系为支流的“众流归一”的空间格局特点。第二类由淮南运河和江南运河组成。运河流经的淮南和江南地区因地处亚热带和暖温带的气候过渡地带，四季潮湿多雨，区内虽无大规模的自然水系流经，但以湖泊池沼众多为共同特征。因此建成之初，开凿于这两个区域中的运河皆因

区内无较大的自然河流供水，而以运道两端的大江河潮水为源，其中淮南运河以长江潮水为源，江南运河以长江与钱塘江潮水共同为源。面对潮水供水不稳定性突出的特性，淮南与江南运河其流线布局皆因需水柜调节运道水量，而以串联区内诸湖泊为设计准则，从而具有湖泊点缀于运道沿线，“借湖行运”的空间格局特点。

**3. 京杭大运河繁荣期空间格局特点、景观风貌及核心成因研究**

随着历史的发展，运河流经地区发生着各种变化，既有人文地理方面政治经济格局的转变，也有水文地理方面江河的改道，湖泊的生消。京杭运河各区段在继承建成初期空间格局的基础上，为了应对上述各方面的变化，进行了多种尝试，采取了诸项措施，逐渐步入繁荣兴盛的历史阶段。运河的空间格局作为上述变迁和各种改造的物质载体，逐渐走向完善和成熟。

华北运河繁荣期的空间格局是在应对作为供水系统的太行山水系尤其是漳河水系洪溢频发，极易冲毁运道的局面下而日渐形成的。应对措施集中体现为在华北运道东侧德州以北天津以南一代，众多连运道通渤海减水河的开挖，包括无棣河、蕲河、阳通河、浮河、毛氏河、马厂减河、哨马营减河、捷地减河、兴济减河、四女寺减河等。此举不仅是唐后华北运河治理策略的关键环节，而且对该运段景观空间格局的健全和完善具有突出意义。从而，最终确立繁荣期以华北运道为主流，以运道西侧太行山水系为支流保证供水，以运道东侧人工开挖的减水河为泄水通道防洪的景观格局。由于太行山自然河流、运河本身以及人工开挖的泄水渠道在德州至天津一带交汇沟通，进而在华北平原局部构建起纵横交错的水运网，塑造出一批以聊城、德州、临清、天津为典型代表的“江北水城”。

山东运河繁荣期的景观格局是在应对汶泗水系年径流量在年内分配极不均匀的局面下而日渐形成的。应对措施集中体现为引鲁中山地稳定出流的泉水济运和沿线设置水柜水壑两方面。前者涉及新泰、莱芜、泰安、蒙阴等县以西，宁阳以北诸泉，泗水、曲阜、滋阳（兖州府附郭县）境内泗、沂水上源诸泉和宁阳以东汶河诸泉，邹县、济宁、鱼台、峄县以西和曲阜以南诸泉以及邹县以南，滕、峄县境内流入昭阳湖的诸泉。后者则囊括了安山湖、南旺西湖、马踏湖、蜀山湖、马场湖、南阳湖、独山湖、昭阳湖、微山湖、骆马湖。此举有效地解决了山东运河建成之初水源极不稳定且运河系统自调节能力欠缺的硬伤，亦对元后更为健全完善景观格局的呈现起到了核心作用。从而，最终确立繁荣期供水形式双重保障，运河东侧水柜、西侧水壑储泄得宜，泉、河、湖互相阖辟的景观空间格局。在上述景观空间格局下，众泉出山地汇流济运，闸坝依运势启闭有方，河湖吞泄仿若呼吸的景观风貌在山东运河沿线日盛。

淮南运河繁荣期的空间格局是在应对南宋黄河南泛后，夺淮入海，黄淮合势，决溢猛增，灌湖扰运局面下而日渐形成的。黄河改道南流对淮南运河乃至整个淮南地区的水文环境均产生了可谓颠覆性的影响，突出表现在原淮南地区的小湖泊群经过多次洪泛后扩潴为洪泽、高邮、宝应等面积达数十公顷的大湖以及淮南运河不再受水量不足的困扰却时常面临洪水决溢的威胁这两个方面。为了应对上述水文环境的改变，水利先贤因势利导，将人为诱导与自然发展合力，修建了我国历史上最大的调蓄水库——洪泽湖水库。洪泽湖水库的建成对淮南运河的发展具有三方面的功效：①逼淮水回归故道，束黄河冲沙畅流入海，从而减少对运河的侵扰；②蓄滞调洪，通过洪泽湖高家堰堤上设置的减水闸人为控制黄淮、高宝诸湖及运道间的联系；③极大地促进淮南运河水系网络化的形成，为其提供水源保障。洪泽湖水库的建成促使洪泽湖以东、以南方向，东西通海渠道和南北入江渠道的疏浚和开凿，构建起枯水期引湖水济运，丰水期助运泄洪的运行模式，在有效平衡淮水、湖

水、运水之势的同时塑造出淮南运河的网络化格局。最终一改前朝时淮南运河连接南北的单向格局，确立北达黄淮入泗往华北，东达渤海通盐运，南达长江抵江南，东连洪泽湖水库调蓄，兼顾输、泄水功能，十分完备的景观空间格局。因应于淮南地区水文环境的改变，淮南运河景观空间格局较建成之初所发生的变迁，使淮南运河的景观风貌经历了从“湖渠串联，借湖行运”到“湖河依傍，越湖行运”的转变。

江南运河在建成初期，依托区内的太湖流域水系便具备了“以运河为经，以众川为纬”的景观格局。来源于长江与钱塘江的潮水可借助太湖流域下游密集的入海溪港得以宣泄，景观连通程度已具有一定水平。因此，在建成之初到清末乃至今日，运河水系运行良好，航运畅通。江南运河繁荣期的景观格局基本因承于建成初期的景观格局，仅以常州附近多条通江支流的出现为最显著变化，以应对镇江至丹阳运段地势高亢、多冈陇，且河谷浅狭的不利因素。疏浚的通江支流主要包括孟渎河、得胜新河、黄田港以及下港，其与淮南运河的数个入江口相对，不仅方便漕船交通往来，而且使“多渠道并行通江”成为江南运河景观格局的突出特点。最终确立繁荣期江南运河北段多渠并行通江济运，南段依托太湖密集溪港宣泄余水，间以练湖、太湖调蓄的景观格局。并在上述景观格局下，塑造出江南运河北段过江港口鳞次栉比，空舟满船各行其道；运道南段塘桥相连，纤道高低屈曲，错落有致的特色景观风貌。

本书对历史时期京杭大运河全程及四个运段的景观空间格局分别进行了一系列的介绍。本书所涉及的研究虽然对理解和掌握大运河的历史沿革、景观格局特点以及明确关乎大运河兴衰的关键要素具有一定的参考价值，但在大运河遗产保护工作所具有的时代性、地域性、多样性、复杂性等特性面前仍深感不足，尚有诸多问题未能展开和深入探讨。

（1）无论是早期京杭大运河各区段的次第开凿，还是成熟期大运河的维护改善，在面临诸多不利环境要素或变迁中，古代先贤主要尝试并采取了“导”“防”“蓄”“护”“迁”五种应对措施。这些应对措施的外在表象即为大运河呈现出的景观空间格局，而在这些治理之策背后承载着古人丰富的环境观和深厚的哲学思想。对其的深入研究和理解不仅对京杭大运河遗产保护具有根本性指导意义，更有助于从一个新的角度理解和体味我国的人文精神。由于时间及功力所限，相关内容仅在论文中分散出现，笔者将在后续研究中继续求索探究。

（2）本书相关研究虽把大运河的整体布局纳入国家政治经济格局中展开，但未能进一步深入阐述其与运河城市群间的关联。

（3）对于影响京杭大运河各区段空间格局及景观风貌呈现的关键环境要素，如华北运河德州以北的众多减河，山东运河东侧出流的泉源和沿线的湖泊闸坝，造就淮南运河网络化格局的洪泽湖、下游泄水道以及太湖流域水系等的分析和探究仅停留在文献搜集考证和历史图集的定量分析上，未能前往实地进行探访和观测。若能将文中基于运河历史格局的分析与如今实地观测的损毁及存留状况结合讨论、比较，将对京杭大运河遗产保护策略的完善有更大的助益。

（4）本书相关研究的对象虽然涵盖了溯源至春秋时期大运河各区段自出现、成形至发展的全过程，但主要集中对区域尺度下整体空间格局的研究，对更小尺度下如天津运河、德州运河、扬州运河、苏州运河等局部运段的研究仍有待加强。

（5）本书对京杭大运河研究时段的选取起于局部运段始凿的春秋，截止于清咸丰三年黄河再次改道且侵华战争初露端倪之前的繁盛期。在这一历史长河中大运河各区段逐步走向健全、成熟、

稳定，不言而喻是诸如历史、经济、景观等各领域遗产价值累积的阶段。本书对这个阶段运河空间格局特点及构成内因的研究虽是当今大运河遗产保护的根本，但因未及充分结合运河当下的时代背景而仍显不足。所谓承古开今，南水北调东线工程局部利用京杭大运河运道向京津输水为大运河的遗产保护带来了机遇与挑战。以本书中有关历史时期大运河格局特点、关键环节以及发展演变内在因素的研究成果为基础，探索南水北调东线工程对原运河沿线干支流和湖泊水柜的影响，分析其使断流运渠畅流、重要水柜重现、再现京杭大运河辉煌时期景观格局的可能性，将是下一阶段的研究内容。

# 参考文献


[1] 俞孔坚，奚雪松，李迪华，等. 中国国家线性文化遗产网络构建 [J]. 人文地理，2009(3)：2–5.

[2] 单霁翔. 大型线性文化遗产保护初论：突破与压力 [J]. 南方文物，2006(3)：2–5.

[3] [明] 万恭，朱更翎. 治水筌蹄 [M]. 北京：水利电力出版社，1985.

[4] [清] 张伯行. 居济一得 [M]. 北京：中华书局，1985.

[5] [明] 潘季驯. 河防一览 [M]. 中国水利要籍丛编，第二集，第五分册. 台北：文海出版社，1971.

[6] [明] 王琼. 漕河图志 / 中国水利古籍专刊 [M]. 北京：水利电力出版社，1990.

[7] 欧阳洪. 京杭运河工程史考 [M]. 上海：江苏省航海学会，1988.

[8] 姚汉源. 中国水利史纲要 [M]. 北京：中国水利水电出版社，1987.

[9] 姚汉源. 京杭运河史 [M]. 北京：中国水利水电出版社，1998.

[10] 姚汉源，谭徐明. 漕河图志 [M]. 北京：水利电力出版社，1990.

[11] 邹宝山，何凡能，何为刚. 京杭运河治理与开发 [M]. 北京：水利电力出版社，1990.

[12] 陈桥驿. 中国运河开发史 [M]. 北京：中华书局，2008.

[13] 刘枫. 九省运河泉源水利情形图 [M]. 杭州：浙江古籍出版社，2006.

[14] 浙江省京杭运河续建工程指挥部，对外交流协会. 京杭运河书画集 [M]. 上海：江苏科学技术出版社，1988.

[15] 杨冬冬，曹磊. 空间结构定量分析的京杭大运河遗产保护研究 [J]. 中国园林，2012(3)：2–5.

[16] 黄朴民. 春秋军事历史概论 [J]. 军事历史研究，1998(3)：121–128.

[17] 贺方润，尉学斌. 春秋的战争行为及其时代特征 [J]. 绵阳师范高等专科学校学报，2002，21(3)：42–46.

[18] 墨子. 墨子·备城门 [M]. 徐翠兰，王涛，译注. 太原：山西古籍出版社，2003.

[19] 陈绍棣. 略论战国城市与政治经济和军事的关系 [J]. 中国历史文物，1987，00：39–46.

[20] [宋] 吕祖谦. 东莱博议：卷七 [M]. 上海：上海书店，1988.

[21] 桑东辉. "春秋五霸"与战略格局的嬗变 [J]. 军事历史研究，2006(3)：113–119.

[22] 图说天下国学书院系列编委会. 左传·战国策 [M]. 长春：吉林出版集团，2007.

[23] 宋杰. 春秋战争之地域分析与列国的争霸方略(上)[J]. 首都师范大学学报(社会科学版)，1999(2)：1–6.

[24] 宋立恒. 关于战国战争特定历史背景的分析 [J]. 内蒙古民族师院学报(哲学社会科学版)，1993(4)：7–11.

[25] 宋立恒. 也论战国战争的特点 [J]. 内蒙古民族师院学报(哲学社会科学版)，1994(3)：7–11.

[26] 黄启标. 试论春秋战国时期的商业对诸侯各国政治决策的影响 [J]. 广西教育学院学报，1999(2)：12–18.

[27] [西汉] 桓宽. 盐铁论·通有 [M]. 乔清举，注释. 北京：华夏出版社，2000.

[28] 司马迁. 史记·货殖列传 [M]. 北京：中华书局，2008.

[29] 方诗铭. 曹操安定兖州与曹袁关系 [J]. 史林，1987(2)：14–21.

[30] 钟素芬. 曹操前期军事斗争谋略分析 [J]. 渤海大学学报(哲学社会科学版)，2004，26(1)：52–55.

[31] [西晋] 陈寿. 三国志·魏志·荀彧传 [M]. 长春：吉林出版集团，2010.

[32] 张耕. 官渡之战述略 [J]. 历史教学，1986，(9)：40–43.

[33] [ 西晋 ] 陈寿. 三国志•郭嘉传( 卷十四 )[M]. 长春:吉林出版集团有限责任公司,2010.
[34] 潘民中. 曹操在统一北方战争中修凿的四条运河 [J]. 许昌师专学报( 社会科学版 ),1987,( 1 ):18–19.
[35] [ 西晋 ] 陈寿. 三国志•魏书•武帝纪 [M]. 长春:吉林出版集团有限责任公司,2010.
[36] 华枫红. 简析隋朝统一的原因和意义 [J]. 才智,2008( 6 ):167.
[37] 韩国磐. 简论隋朝的统一 [J]. 历史教学,1962( 5 ):2–8.
[38] [ 唐 ] 魏徵. 隋书•卷二十四食货志 [M]. 北京:中华书局,1973.
[39] [ 唐 ] 魏徵. 隋书•卷三炀帝纪上 [M]. 北京:中华书局,1973.
[40] [ 唐 ] 魏徵. 隋书•卷四十王谊传 [M]. 北京:中华书局,1973.
[41] 韩国磐. 隋朝中央集权势力与地方世族势力的斗争 [J]. 历史教学,1955( 2 ):20–23.
[42] [ 唐 ] 魏徵. 隋书•卷五令狐熙传 [M]. 北京:中华书局,1973.
[43] [ 唐 ] 魏徵. 隋书•卷七三梁彦光传 [M]. 北京:中华书局,1973.
[44] [ 唐 ] 李延寿. 南史•卷十陈本纪下 [M]. 北京:中华书局,2006.
[45] [ 宋 ] 欧阳修,宋祁. 新唐书•卷五十兵志 [M]. 北京:中华书局,1975.
[46] [ 唐 ] 魏徵. 隋书•卷四六杨尚希传 [M]. 北京:中华书局,1973.
[47] 侯明忠,韩隆福. 论隋朝营建东都洛阳的原因及意义 [J]. 湖南文理学院学报( 社会科学版 ), 2008, 33( 5 ):135–139.
[48] 史念海. 唐代历史地理研究 [C]. 北京:中国社会科学出版社,1998
[49] 李鸿斌. 隋朝中央与河北地方之关系 [J]. 烟台大学学报( 哲学社会科学版 ),2004( 3 ):135–139.
[50] 杨月君,王东波. 论河北在隋朝的历史地位 [J]. 河北经贸大学学报( 综合版 ),2007,7( 2 ):42–45.
[51] 陈金凤,段少京. 隋炀帝与江南 [J]. 海南师范学院学报( 社会科学版 ),2004,1( 17 ):64–68.
[52] 郑珍平. 论北宋的守内虚外国策 [J]. 北京师范学院学报( 社会科学版 ),1992( 2 ):42–48.
[53] [ 明 ] 顾炎武. 目知录•卷 8[M]. 长沙:岳麓书社,2011.
[54] [ 宋 ] 李焘. 续资治通鉴长编•卷 31[M]. 北京:中华书局,1992.
[55] [ 宋 ] 李焘. 续资治通鉴长编•卷 32[M]. 北京:中华书局,1992.
[56] [ 宋 ] 李焘. 续资治通鉴长编•卷 30[M]. 北京:中华书局,1992.
[57] 陈师道. 后山集•卷 20[M]. 北京:商务印书馆,中华民国 25 年( 1936 年 ).
[58] 欧阳修. 欧阳文忠全集•卷 105[M]. 陆费达,总勘. 北京:中华书局,1992.
[59] 罗大经. 鹤林玉露•卷 1[M]. 香港:迪志文化出版有限公司,2001.
[60] [ 元 ] 脱脱. 宋史•河渠志三 [M]. 北京:中华书局,1977.
[61] 冀朝鼎,朱诗鳌. 中国历史上的基本经济区与水利事业的发展 [M]. 北京:中国社会科学出版社,1981.
[62] [ 宋 ] 张方平. 乐全集•卷 27[M]. 台北:台湾商务印书馆,1969.
[63] 王明德. 试论北宋开封定都 [J]. 开封大学学报,2008,22( 1 ):16–20.
[64] 全汉升. 唐宋帝国与运河 [M]. 台北:台北研究院历史语言研究所,1995.
[65] [ 明 ] 宋濂. 元史•卷 4[M]. 北京:中华书局, 1976.
[66] 朱耀廷. 山河形胜之地,应运而兴之都从金元定都北京看北京的地位与作用 [J]. 北京联合大学学报,2003,17( 1 ):72–81.
[67] 白帆. 试析忽必烈迁都大都的原因 [J]. 赤峰学院学报,2011,3( 7 ):35–36.
[68] [ 元 ] 苏天爵. 元朝名臣事略•卷 7 [M]. 北京:中华书局, 1996.
[69] [ 明 ] 宋濂. 元史•卷 119[M]. 北京:中华书局, 1976.
[70] 海王屯古籍丛刊编委会. 元典章•卷 1[C]. 北京:中国书店,1990.
[71] 陈佳华,林荣贵. 元统一前我国民族关系的发展趋势 [J]. 内蒙古社会科学,1986( 2 ):59–66.

[72] 赖家度. 元代的河槽和海运 [J]. 历史教学，1958(5)：23-26.

[73] [元] 苏天爵. 元朝名臣事略 [M]. 北京：中华书局，1996.

[74] [明] 宋濂. 元史·河渠志卷一 [M]. 北京：中华书局，1976.

[75] [清] 张廷玉. 明史·食货志 [M]. 北京：中华书局，1974.

[76] [清] 张廷玉. 明史·河渠志 [M]. 北京：中华书局，1974.

[77] [清] 张廷玉. 明史·宋礼传 [M]. 北京：中华书局，1974.

[78] 中国水利水电科学研究院水利史研究室. 行水金鉴·运河卷 [M]. 武汉：湖北人民出版社，2004.

[79] 谭其骧.《山经》河水下游及其支流考 [J]. 中华文史论丛，1978(7)：42-48.

[80] 宋德武，漳卫南运河志编委会. 漳卫南运河志 [M]. 天津：天津科学技术出版社，2003.

[81] [唐] 颜师古. 汉书·沟洫志 [M]. 北京：中华书局，2010.

[82] 水利部黄河水利委员会黄河水利史述要编写组. 黄河水利史述要 [M]. 北京：中国水利水电出版社，1982.

[83] [北魏] 郦道元. 水经注校释 [M]. 陈桥驿，校注. 杭州：杭州大学出版社，1999.

[84] [北魏] 郦道元. 水经注·淇水注 [M]. 陈桥驿，译注. 王东，补注. 北京：中华书局，2009.

[85] 谭其骧. 长水集续编 [M]. 北京：人民出版社，1994.

[86] 静海县志编修委员会. 静海县志 [M]. 天津：天津社会科学院出版社，1995.

[87] [宋] 欧阳修，宋祁. 新唐书·地理志三 [M]. 北京：中华书局，1975.

[88] [后晋] 刘昫，等. 旧唐书·食货下 [M]. 北京：中华书局，2000.

[89] [宋] 欧阳修，宋祁. 新唐书·地理志二 [M]. 北京：中华书局，1975.

[90] [元] 脱脱. 宋史·河渠志一·黄河上 [M]. 周魁一，等，注释. 北京：中国书店，1990.

[91] [元] 脱脱. 宋史·河渠志五·御河 [M]. 周魁一，等，注释. 北京：中国书店，1990.

[92] 苏勤，林炳耀. 基于文化地理学对历史文化名城保护的理论思考 [J]. 城市规划汇刊，2003(4)：38-42.

[93] 徐慧，徐向阳. 景观空间结构分析在城市水系规划中的应用 [J]. 水科学进展，2007，18(1)：108-113.

[94] WU J，DAVID L.A spatially explicit hierarchical approach to modeling complex ecological systems：theory and application[J].Ecological Modelling，2002(153)：7-26.

[95] LINEHAN J，GROSS M，FINN J. Green planning：developing a landscape ecological network approach [J].Landscape and Urban Planning，1995(33)：47-49.

[96] 俞孔坚，李迪华，李伟. 论大运河区域生态基础设施战略和实践途径 [J]. 地理科学进展，2004，23(1)：1-12.

[97] [元] 脱脱. 宋史·河渠志一·黄河中 [M]. 周魁一，等，注释. 北京：中国书店，1990.

[98] 邹逸麟. 黄淮海平原历史地理 [M]. 合肥：安徽教育出版社，1997.

[99] [北魏] 郦道元. 水经注·汝水注 [M]. 陈桥驿，译注，王东，补注. 北京：中华书局，2009.

[100] 冀朝鼎. 中国历史上的基本经济区与水利事业的发展[M]. 北京：中国社会科学出版社，1981.

[101] 司马迁. 史记·项羽本纪 [M]. 北京：中华书局，2008.

[102] 司马迁. 史记·刘敬叔孙通列传 [M]. 北京：中华书局，2008.

[103] 司马迁. 史记·留侯世家 [M]. 北京：中华书局，2008.

[104] 侯甬坚. 定都关中：国都的区域空间权衡[J]. 陕西历史博物馆馆刊，2000(7)：38-42.

[105] 童超. 东晋南朝时期的移民浪潮与土地开发[J]. 历史研究，2000(7)：64-79.

[106] 缪文远，罗永莲. 战国策·魏策三 [M]. 北京：中华书局，2006.

[107] [唐] 魏徵. 隋书·卷一高祖纪上 [M]. 北京：中华书局，1973.

[108] [后晋] 刘昫，等. 旧唐书·卷三太宗纪下 [M]. 北京：中华书局，2000.

[109] 刘运勇. 西汉长安 [M]. 北京：中华书局，1982.
[110] 马正林. 丰镐—长安—西安 [M]. 西安：陕西人民出版社，1987.
[111] [宋] 司马光. 资治通鉴·唐纪十九 [M]. 北京：中华书局，2009.
[112] 沈约. 宋书 [M]. 吉林：吉林出版社，2005.
[113] [后晋] 刘昫，等. 旧唐书·卷一百二十三第五琦传 [M]. 北京：中华书局，2000.
[114] [宋] 司马光. 资治通鉴·卷二百三十七宪宗元和二年条 [M]. 北京：中华书局，2009.
[115] [清] 于敏中. 日下旧闻考 [M]. 北京：中华书局，1983.
[116] 中央水利部南京水利实验处.《淮河流域水文资料》第 3 辑《沂泗汶运区》第 3 册. 1951.
[117] [清] 靳辅. 治河方略卷 3[M]. 南京：中国水利工程学会，1937.
[118] [清] 张伯行. 居济一得·运河总论 [M]. 北京：中华书局，1985.
[119] [明] 万恭，朱更翎. 治水筌蹄·运河 [M]. 北京：水利电力出版社，1985.
[120] 中国水利水电科学研究院水利史研究室. 行水金鉴·北河续纪 [M]. 武汉：湖北人民出版社，2004.
[121] 何树瀛. 汶上县志·卷 8 艺文 [M]. 郑州：中州古籍出版社，1996.
[122] 中国水利水电科学研究院水利史研究室. 行水金鉴·卷 145 山东全河备考 [M]. 武汉：湖北人民出版社，2004.
[123] [明] 刘天和. 问水集·卷 2 闸河诸湖 [M]. 南京：中国水利工程学会，1936.
[124] 沈云龙. 中国水利要籍丛编·山东运河备览卷 5[M]. 台北：文海出版社，1971.
[125] [清] 张伯行. 居济一得·卷 2 柳林闸放船法 [M]. 北京：中华书局，1985.
[126] [明] 于慎行. 兖州府志·卷二十 [M]. 济南：齐鲁书社，1985.
[127] [明] 申时行. 明会典·卷 197[M]. 北京：中华书局，1989.
[128] [明] 于慎行. 兖州府志·卷四 [M]. 济南：齐鲁书社，1985.
[129] 沈云龙. 中国水利要籍丛编·山东运河备览·卷 4 昭阳湖 [M]. 台北：文海出版社，1971.
[130] [清] 靳辅. 治河方略卷 4[M]. 南京：中国水利工程学会，1937.
[131] [元] 胡瓒. 泉河史·卷十五泉河大事记 [M]. 济南：齐鲁书社，1996.
[132] 何树瀛. 汶上县志·卷 1 方域 [M]. 郑州：中州古籍出版社，1996.
[133] [清] 张伯行. 居济一得·卷 1 在城闸 [M]. 北京：中华书局，1985.
[134] [明] 潘季驯. 河防一览卷 14[M]. 中国水利要籍丛编，第二集，第五分册. 台北：文海出版社，1971.
[135] 图说天下国学书院系列编委会. 左传·哀公九年 [M]. 长春：吉林出版集团有限责任公司，2007.
[136] 朱江. 邗城遗址与邗沟流经区域文化遗址的发现 [J]. 文物，1973(12)：23-26.
[137] [清] 卫哲治，等修，叶长扬，顾栋高，等，纂. 乾隆淮安府志六·运河 [M]. 北京：方志出版社，2008.
[138] [北魏] 郦道元. 水经注·淮水注 [M]. 陈桥驿，译注，王东，补注. 北京：中华书局，2009.
[139] 晋书·谢安传 [M]. 北京：华雅士书店，2002.
[140] [北宋] 李昉，李穆，徐铉，等. 太平御览·卷七三堰埭 [M]. 北京：中华书局，2010.
[141] [宋] 司马光. 资治通鉴·卷一八〇 [M]. 北京：中华书局，2009.
[142] [宋] 司马光. 资治通鉴·卷一八一 [M]. 北京：中华书局，2009.
[143] [清] 刘文淇，徐炳顺. 扬州水道记 [M]. 扬州：扬州市机关文印中心，2004.
[144] 朱江. 从文物发现情况来看扬州古代的地理变迁 [J]. 文物，1973(12)：70-76.
[145] [元] 脱脱，阿鲁图，等. 宋史·食货志·漕运 [M]. 北京：中华书局，2012.
[146] [元] 脱脱，阿鲁图，等. 宋史·河渠志六·东南诸水 [M]. 北京：中华书局，2012.
[147] [元] 脱脱，阿鲁图，等. 宋史·卷 307·乔维岳传 [M]. 北京：中华书局，2012.
[148] [元] 脱脱，阿鲁图，等. 宋史·卷 343·蒋之奇传 [M]. 北京：中华书局，2012.

[149] [元]脱脱，阿鲁图，等. 宋史·河渠志五[M]. 北京：中华书局，2012.
[150] [明]顾炎武. 天下郡国利病书·卷二六[M]. 上海：上海书店出版社，1985.
[151] 余以德. 治淮计划书[M]. 安徽：安徽水利局，1922.
[152] [清]张廷玉. 明史·王廷瞻传[M]. 北京：中华书局，1974.
[153] [南朝]范晔. 后汉书·王景传[M]. 北京：中华书局，2010.
[154] [南朝]范晔. 后汉书·任延传[M]. 北京：中华书局，2010.
[155] [南朝]范晔. 后汉书·卫飒传[M]. 北京：中华书局，2010.
[156] [西晋]陈寿. 三国志·吴主权传[M]. 长春：吉林出版集团有限责任公司，2010.
[157] 竺可桢. 中国近五千年气候变迁的初步研究[J]. 中国科学，1973(2)：168-189.
[158] HAMEED S，龚高法. 中国历史时期温度的变化[M]. 北京：气象出版社，1993：57-69.
[159] 郑景云，满志敏，方修琦. 魏晋南北朝时期的中国东部温度变化[J]. 第四纪研究，2005，25(2)：129-140.
[160] [明]郭大纶，修，陈文烛，纂. 万历淮安府志·卷三建置[M]. 上海：上海书店出版社，1990.
[161] 韩昭庆. 洪泽湖演变的历史过程及其背景分析[J]. 中国历史地理论丛，1998(2)：61-76.
[162] [清]张廷玉. 明史·卷二百二十叁潘季驯传[M]. 北京：中华书局，1974.
[163] 黄金森. 长江三角洲最新构造运动概况——长江三角洲的沉降运动[J]. 地理学报，1959(4)：168-189.
[164] 褚绍唐. 历史时期太湖流域主要水系的变迁[J]. 复旦学报(社会科学版)，1980/S1：1-10.
[165] 陈吉余，恽才兴，虞志英. 长江三角洲的地貌区域[J]. 地理学报，1959，25(3)：168-189.
[166] [宋]胡士行. 尚书·禹贡[M]. 吉林：吉林出版社，2005.
[167] 魏嵩山，王文楚. 江南运河的形成及其演变过程[J]. 中华文史文化论丛，1979(1)：303-305.
[168] [北魏]郦道元. 水经注·沔水[M]. 陈桥驿，译注，王东，补注. 北京：中华书局，2009.
[169] [北宁]朱长文. 吴郡图经续记[M]. 南京：江苏古籍出版社，1986.
[170] 王富葆，曹琮英，韩辉友，等. 太湖流域良渚文化时期的自然环境//徐湖平. 东方文明之光——良渚文化发现60周年纪念文集(1936—1996). 海口：海南国际新闻出版中心，1996.
[171] [元]脱脱，等. 宋史·河渠五[M]. 北京：中华书局，1977.
[172] [清]应宝时，等，修，俞樾，等，纂. 同治上海县志卷三[M]. 上海：上海文庙南园志局，1872.
[173] [明]顾炎武. 天下郡国利病书·卷十五[M]. 上海：上海书店出版社，1985.
[174] [唐]李吉甫. 元和郡县图志·卷三五江南道润州[M]. 北京：商务印书馆，1937.
[175] [北宋]李昉，李穆，徐铉，等. 太平御览·卷六六《地部》[M]. 北京：中华书局，2010.
[176] [唐]李吉甫. 元和郡县图志·卷二五[M]. 北京：商务印书馆，1937.
[177] [宋]欧阳修，宋祁. 新唐书·卷五三食货志三[M]. 北京：中华书局，1975.
[178] 杨家络. 全唐文·卷八七一吕延祯[M]. 香港：世界书局，1984.
[179] [清]金友理. 太湖备考[M]. 上海：江苏古籍出版社，1998.
[180] 吴江市档案局. 吴江县志[M]. 扬州：江苏广陵书社有限公司，2010.
[181] [明]沈岱. 吴江水考增辑[M]. 刻本，1737.
[182] [清]翁广平. 平望志[M]. 扬州：广陵书社，1887.
[183] [明]卢熊. 苏州府志[M]. 台北：成文出版社有限公司，1983.